Encyclopedia for Correct Hair and make-up

Encyclopedia for
Correct
Hair and make-up

あなたの美を引き出す

正しい ヘア&メイク事典

美のエキスパートが教える、基礎知識完全バイブル

ヘア&メイクアップアーティスト 尾花けい子　ヘア&メイクアップアーティスト 朝日光輝

高橋書店

Prologue

そのメイク、その髪で
一生、生きていきますか？

いまの自分のメイクやヘアスタイル、本当に気に入っていますか？

「変わりたいけれど、何から始めたらいいかわからない……」

と迷って、この本を手にとってくださった方も多いのではないでしょうか。

メイクグッズやヘアケア製品、美容法など、たくさんの商品や情報があふれているいま、
何が自分にあうのかをみつけ出すのは、とても難しいこと。

そこで本書では「時代に左右されない基礎」をお伝えします。

じつはそれこそが、あなたを変える近道なのです。

この本で印象が180度変わります

たとえば、女優やモデルを手掛けるプロのヘア&メイクアップアーティストも「基礎」をいちばん大事にしています。

なぜなら、難しいテクニックではなく、シンプルな基礎の技術こそ、その人の美しさを最大限引き出すことができるから。

この本は、いまさら聞けないそんな「基礎」から始める一冊。小さな不安や疑問をていねいに解説しながら、あなたの印象を変えるお手伝いをします。

Beauty Contents

肌づくりからお悩みケアまで
メイクの基礎を総ざらい

Make-up

気がつけば、いつも似たような色、変わらぬ手順になりがちな日々のメイクも、考え方や道具の使い方を少し変えるだけで、仕上がりが大きく変わるのです。この章では、すべてのメイクの土台となる珠玉のベースづくりから、失敗のないアイメイクや眉の描き方、目からウロコのお直しテクまで、だれもが美しく変身するプロ直伝のメイクテクニックを細かく解説します。後半にはよりパーソナルなお悩み解決集も掲載しています。

P12 ～ 153

＋

ヘアサロン帰りのような
ツヤ美髪を総合プロデュース

Hair

毎日のシャンプーの仕方やヘアスタイリングのコツ。自分でするのとは確かに違う、サロン帰りのつややかでまとまった髪になるためには、どうすればいい？　自己流ケアでは答えが出にくいそんなヘアケアの疑問に、あらゆる髪と専門知識を知る美髪のプロが、シンプルで効果的なケア&キュアをテーマごとにアドバイスします。カラーやパーマのしくみから、巻き髪や前髪の簡単アレンジまで。髪からも、あなたの印象が変わります。

P154 ～ 200

Features of this book

魔法の知恵を授ける ビューティエキスパートを紹介

本書のアドバイザーは、神の手をもつヘア&メイクの2人の賢人と、専門分野の知識に長けた4人のサイエンスエキスパートたち。さまざまな美のテクニックはもちろん、原料の効果や性質に至るまで、全方位的な解説で美の知恵を授けます。

メイクの賢人
Obana Keiko

Make-up

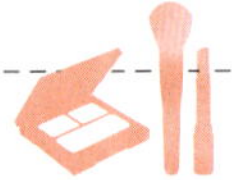

尾花けい子さん

●Obana Keiko

PINKSSION主宰。多くの女優やモデルが厚い信頼を寄せるヘア&メイクアップアーティスト。とくに肌と眉への造詣が深く、「美貌肌の名手」「美眉師」と呼ばれるほど。雑誌や広告の撮影のほか化粧品開発のアドバイザーとしても活躍。内面の美しさをも引き出す抜群のセンスとテクニックで時代を牽引する。

顔はあなたの生き方です

「私にはどんなメイクが似合いますか?」。仕事上、そんな質問をされることがよくあります。そんなとき、私は「あなた自身はどうなりたいですか?」と聞きます。メイクで変身するには、まず自身の顔を客観的に見て、どこがどうなったらいまよりも魅力的になるか、考えてみることが大切だからです。

この本ではだれもがキレイになるメイクの基礎を解説するので、応用も自由自在。みなさんの、なりたい自分になれるお手伝いができれば幸いです。

Science experts

サイエンスエキスパートたち

日本色材工業研究所

化粧品ブランドのスキンケアやメイク製品全般の開発、生産を手掛ける、OEM製造会社。顔料メーカーからスタートしてはや創業80年超。業界トップクラスの技術と知識で、原料解説を担当。

高橋和久さん

研究部・第二メイクアップチームリーダー理学博士。カラーコスメ全般に明るい。専門はコロイド化学、物理化学。

日比博久さん

研究部・第一メイクアップチーム主任研究員。なかでも、口紅やカラーメイクなどの製品開発を担当。

光井友梨さん

研究部・第三メイクアップチーム研究員。とくにファンデーションや下地などに代表される乳化技術が専門。

air

喜多代陽介さん

ヘアサロンａｉｒエリアマネージャー、オリジナルヘアケアの開発を担当。ヘアケア剤全般の成分や効果に幅広い知識をもつ。

ヘアの賢人

Asahi Mitsuteru

Hair

朝日光輝さん（air）

Asahi Mitsuteru

ヘアサロンairプロデューサー。ヘア&メイクアップアーティストとして、多くの有名モデルや女優、タレントを手掛け、CM、女性誌など幅広く活躍している。サロンワークでは多くの女性に「リアルトレンド」を伝える貴重な存在。

「基本」を知って、真の美しい髪に

サロンに来られるお客様は、いつもさまざまな悩みを抱えていらっしゃいます。私が美容師になったのも、じつはクセ毛コンプレックスから。でも、いまになればわかるのですが、髪の悩みもじつは「基本のメカニズム」さえ知っていれば、解決できることが多いのです。

基本的すぎて、美容師さんには根掘り葉掘り聞きづらいこともあるでしょう。だからこそこの本で、みなさんのそんな疑問にお答えできればうれしく思います。

Contents

Contents

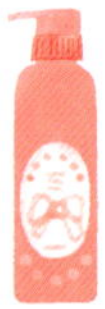

staff

●写真撮影／鈴木希代江　●モデル／樋場早紀（スペースクラフト）　●編集・執筆協力／江尻千穂・田中あか音
●デザイン／佐藤智彦（JA情報サービス）・井川鉄也（Royalgoods）　●イラスト／あらいのりこ　●DTP／天龍社
●撮影協力／ Salon Styla　●参考文献／『ベーシック・ケミカル』（新美容出版株式会社）

Part 1
メイク
Make-up

すべてのメイクの基礎を知る

「可愛くなりたい」「大人っぽくなりたい」。人それぞれ、なりたい「キレイ」のイメージは異なると思います。でも、ゴールは違っても「基礎」は同じ。

とはいえ、メイクはだれかに直接基礎を教わる機会もあまりないので、「なんとなく」メイクをし続けてしまっている人も少なくないでしょう。せっかく自分を変えるチャンスが毎日あるのに、それはとても残念なこと。

メイク編ではそんな自己流メイクの落とし穴をいま一度見直し、ベースの肌のつくり方から目、眉、口紅まで、すべてのパーツメイクを基礎からていねいにお教えします。

まずは、あなた自身の顔を冷静に分析することから始めてみましょう。

about Neutral make-up

あなたの「顔」、こんなふうに見られているかも…

顔はあなたの「情報」を伝えるメディア

ふと、友人や仕事相手の顔を見たとき、もし顔だけが白くて、首の色と違っていたら、どう思いますか？

また、クマやくすみが透けている肌を見たとき、どう感じますか？

あ、唇がガサガサ…。ちょっと痛々しいわ
顔と首の色が違う…。メイクが濃いのね

言葉にはできないかもしれませんが、無意識のうちに「メイクが濃いな……」、「疲れているのかな?」と、いつの間にか、その人の顔から出た情報を読み取っているのではないでしょうか。

このように、顔は、その人がもっているたくさんの情報を伝えるメディアといえます。

つまり、メイクとは〝顔の情報〟を上手に磨いて、光り輝かせる効果的な手段なのです。

この情報を美しく編集するために絶対に必要なもの。それが〝客観力〟です。

多くの女優やモデルなど、美を更新し続けている人は、みんな客観視の達人。

思い込みや自己流ではなく「まわりの人からはどう見えているかな?」を基準に美を形づくっているからこそ、あれほど多くの人に愛される輝きを放てるのです。

「でも、客観的に見てキレイって、どうすればいいの?」と思われる方も多いと思います。

大丈夫! 顔立ちや流行、年齢に関係なく、だれもが自分の魅力を底上げできる究極の方法があるのです。その方法とは……?

眉毛、細～い！
なんかちょっと古くさい感じ…
クマができてる…
もしかして疲れてるのかな？
マスカラが
ダマになってる！
がんばってる
けど…
えっ!?
私こんなふうに
見られてたの!?
だれでも自然な
美人顔になれる
普遍的メソッドが
あります

about Neutral make-up

「ニュートラルメイク」が最高の自分を引き出す

新しいメイクポジション ニュートラルメイクとは？

ナチュラルメイクやパーティーメイクなど、メイクといってもいろいろな種類がありますが、本書でお伝えする「ニュートラルメイク」とは、プロのメイク哲学と技術をメソッド化した、究極の客観視メイクです。

「ニュートラル」とは手抜きでもやりすぎでもない、ちょうどよいさじ加減、ということ。自分のメイクはちょうどよい、と思っている人でも、意外と客観的に見るとそうではないかもしれません。

そこで、このメイクでは「だれから見ても美しい顔」を基盤に、シンプルな原理原則で、顔のパーツごとに異なる魅力を演出していきます。そうすることで、「生まれつきこの顔でした」と言えるほど自然な印象を与えつつ、いままでの自己流メイクでは見られなかった「最高の自分の造形美」を引き出すことができるのです。

そして、このメイクで引き出した最高の自分を土台にすれば、季節の流行を取り入れたメイクや、色で遊ぶ個性的なメイクをしても、失敗することはありません。つまりニュートラルメイクとは、基本にして奥義。マスターすることで、新しい自分の魅力に幾度も出会えるのです。

新たにめざすメイクの基本は、これ!

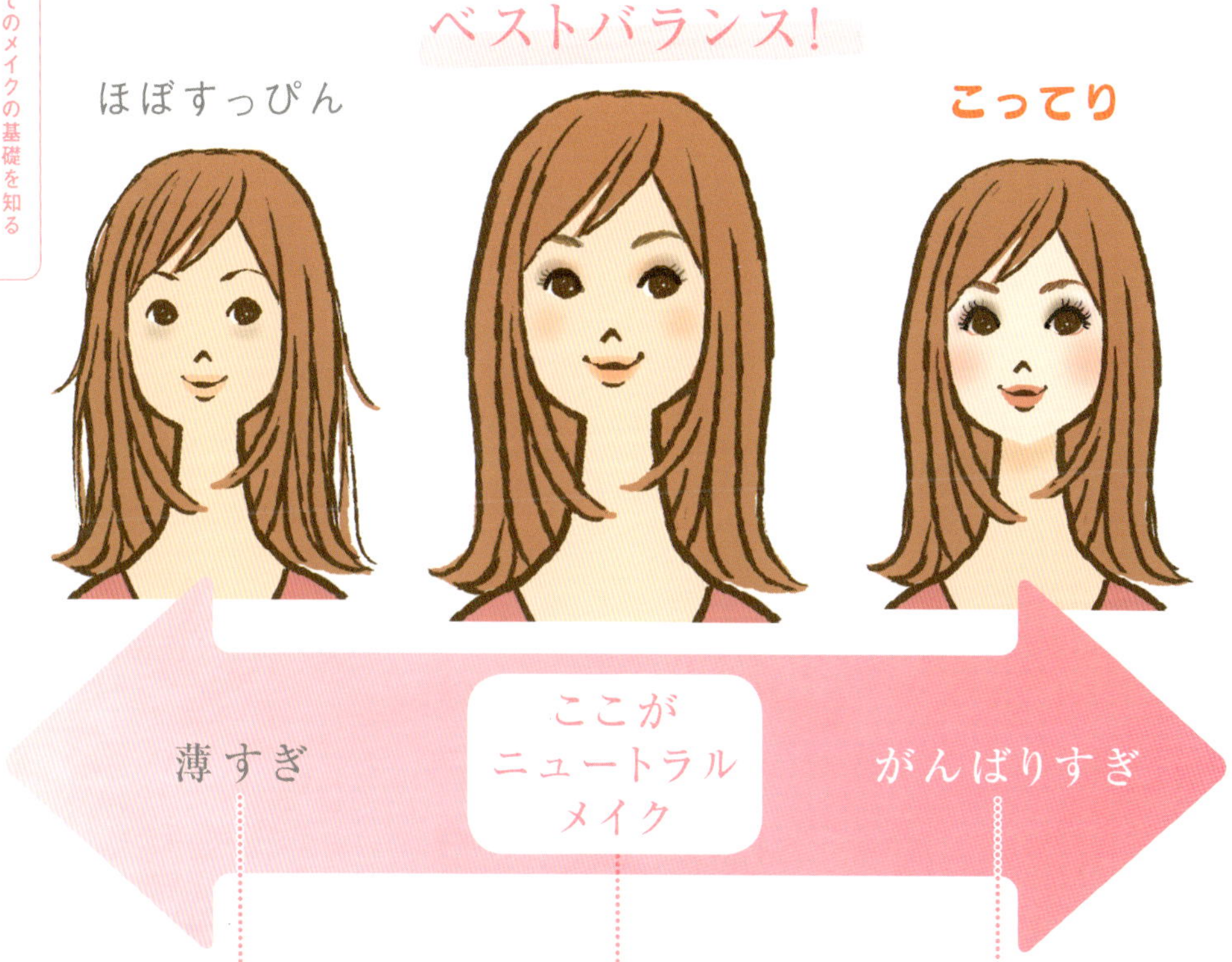
ベストバランス!
ほぼすっぴん
こってり
薄すぎ
ここが
ニュートラル
メイク
がんばりすぎ

透けたクマやボサボサ眉。こんな手抜きメイクをナチュラルメイクと勘違いしている人も多数。メイクは「薄ければナチュラルに見える」というわけではありません。

濃すぎず薄すぎず、ちょうどよいポジションに位置するニュートラルメイク。隠すべきところは隠し、魅力はより強調して見せる、メリハリのきいたメイク法です。

確かに、シミや血色の悪さなどは隠れていますが、濃すぎて「メイクしてる感」が強すぎ。これでは自分でマイナスの情報をつくり出しているようなものです。

新ナチュラルメイク=ニュートラルメイク。
一度体感してみてください

about Neutral make-up

ニュートラルメイクで宿る5つの絶対的魅力

顔のパーツにはそれぞれ意味があった

「目は口ほどにものを言う」ということわざがあるように、目は時に、言葉で語るよりも意思を伝える、雄弁な発信力をもちます。

　そして、眉、肌、唇など顔にあるほかのパーツも、目と同じように、「あなた自身の語り部」としての役割を担っているのです。

　たとえば、眉。ここはいちばん時代があらわれる場所なので、見ればその人がどんなセンスをしているのか、はっきりわかります。

　また唇は品格をつかさどるパーツ。だから乾燥してカサカサだったり、ラインがガタガタだったりすると、いっきに品がない印象に。

　このように、パーツからそれぞれ異なった情報を与えられ、これらの情報を総合した結果、まわりの人たちは「あなたという人格」を顔から想像してしまうのです。

　つまり、自分の最高の顔を引き出すニュートラルメイクでは、パーツごとの役割と理想像を知ることが出発点。それぞれのパーツに込められた意味を知ることで、総合的な美人メイクができる確かなメイクメソッドです。

　まずは、それぞれの意味を見てみましょう。

肌 Skin ＝その人自身

肌は、その人の生活習慣や体調があらわれるところ。たとえば、キメ細かで透明感がある肌は、日々をきちんと大切にくらす健康的な姿や清潔感を、見る人にイメージさせます。

眉 Eyebrow ＝センス

顔の額縁ともいわれる眉は、パーツのなかでもっともセンスがあらわれる場所。なぜなら、自由に形づくれるから。自分の骨格にあったバランスなら、意志あるまなざしが引き立ちます。

目元 Eyes ＝意志

目、なかでも「瞳」は、直接メイクできないだけに、その人の気持ちがあらわれる場所。見る人に、意志を感じさせる目力は、瞳の存在感から生まれているのです。

頬 Cheek ＝生命力

肌にエネルギーと生命力を与えるのは、頬の血色と立体感。ぽっと上気したような自然な赤みとツヤがあれば、いきいきとした印象を演出できます。

唇 Lip ＝品格

口元は、その人が発する言葉同様、女性らしい品格をもたらすパーツ。丸みとやわらかい質感があり、口角が引き締まった凛としたフォルムが、上品な印象を与えます。

about Neutral make-up

最強のメイクツールは自分の手

使い分ければプロの仕上がり

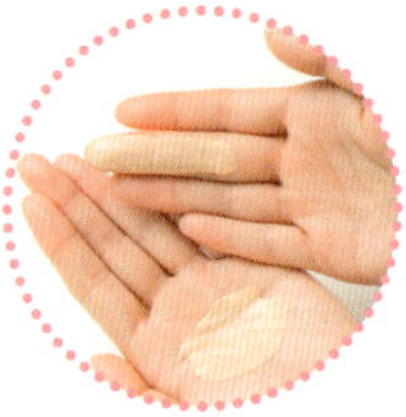

technique 1

強さを調整しやすい中指で のばす

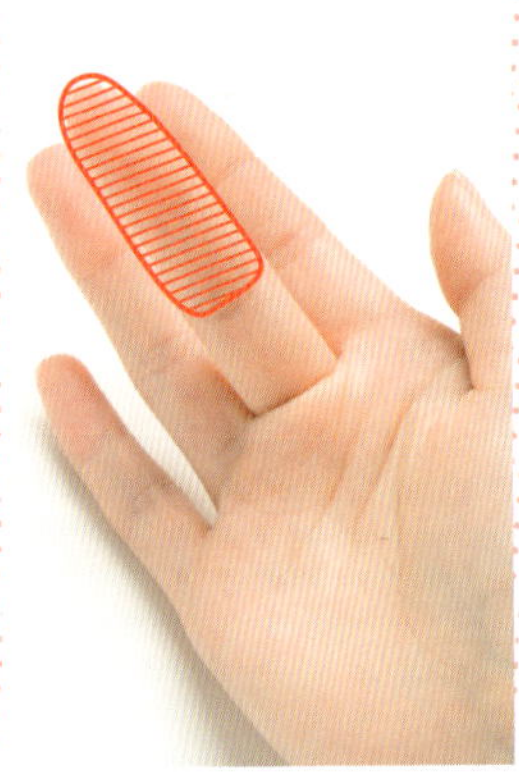

メイク下地やファンデを肌にのせるときは、この中指で。この指なら、思いどおりの分量を、思いどおりの圧でのばせます。

よく「優秀なメイクツールはメイクの腕もカバーする」といわれますが、それはまぎれもない事実。ただし、それが高価なブラシセットである必要はありません。だれもがキレイになれる最強のメイクツールは、もっとも身近な自分の手なのです。

ヒトの顔には、凹凸やカーブがいっぱい。そんな入り組んだパーツの細部にもフィットする柔軟性こそが、メイクツールの最重要条件。その点、細やかな動きができる指先や手のひらが適任なのです。

さらに、使う指を選ぶだけで、だれでも力加減の調整が簡単にできるというメリットも。こんな便利なツールを、使わない手はありません。

とくに、ニュートラルメイクのなかでもいちばん手をかけるべき肌づくり＝ベースメイクでは、手の使い方こそが成功のカギになります。大きく分けて、指や手の動かし方は4パターンです。

technique 2

力が入りにくく やさしいタッチの薬指で

広げる

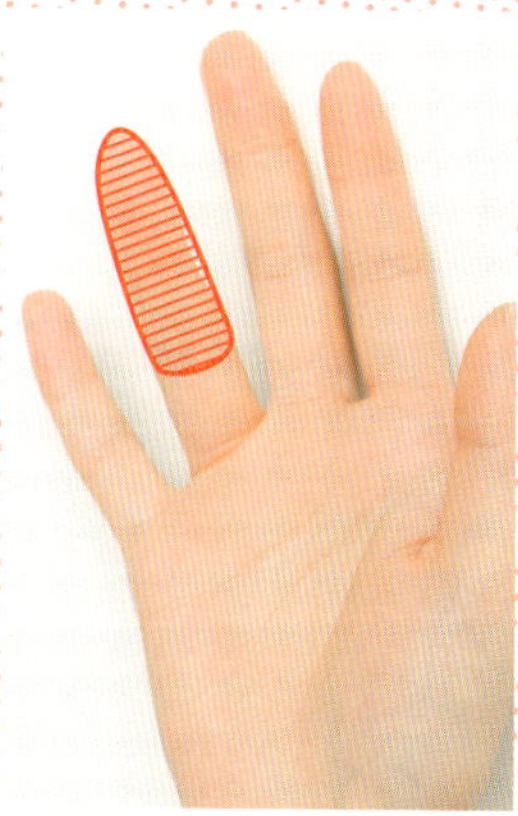

頬にのばしたメイク下地やファンデを、輪郭へ向けて塗り広げるのはこの薬指。力が入りすぎない造形の利がポイントに。

technique 3

小まわりのきく 薬指先端の指の腹で

たたく

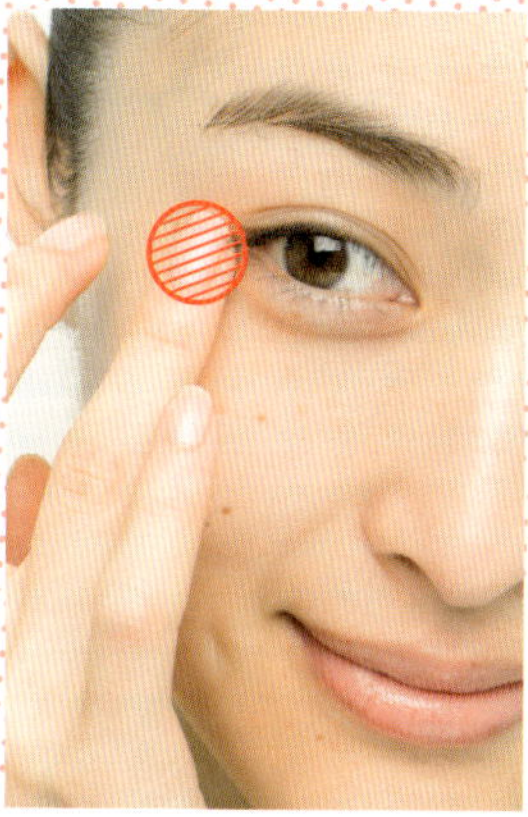

とくに力が入りにくい薬指の先もまた名ツール。目尻や小鼻のわきなどの細かい部分をなじませるためのタッピングにも重宝します。

technique 4

肌に吸いつく 手のひら全体で

なじませる

体温でメイクをしっとりなじませたり、うるおいをしっかり密着させたり。ムラをなくして、自然な肌をつくる「面」の技です。

美のディテールをつくる 定番ツール

指ではフォローしきれない、より細部の仕上げに準備したい、定番ツールもご紹介。

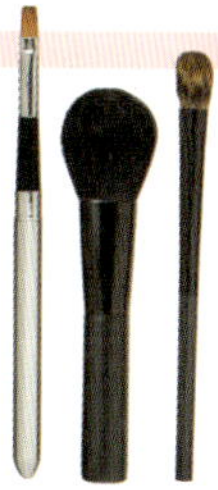

ブラシ

ハイライトには1・5㎝幅、リップはラインが取りやすいスクエア型。チークにはラウンド毛先が便利。

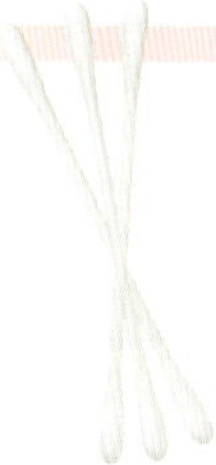

綿棒

細部の汚れをオフしたり余計な油分を除いたり。目元に使っても痛くない、芯が紙製のものがおすすめ。

コットン

スキンケア時の必需品ながら、メイク前のコットンパックに薄く裂いて使ったりと活躍の場も多数。

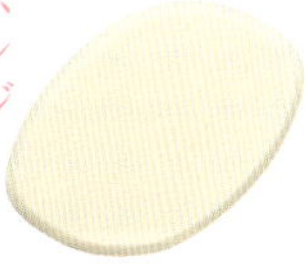

スポンジ

広い面と細部への使い分けができるように、真四角ではないスポンジも準備しておいて。

ベースメイク編

Skin

肌

いっきに華が出る究極のベースメイク

肌は、その人自身

以前、ある女優さんを遠目から見たとき、肌の迫力に圧倒されたことがあります。キメ細かく、透明感にあふれ、発光するほどのオーラ。目でもなく、唇でもなく、それは肌の美しさから生まれている、と感じた瞬間でした。

このように肌がキレイな人からは、その人の内面の輝きまでもが伝わってきます。反対に、カサつきやクマが目立つ肌からは、疲れや不健康さなどのマイナスイメージを感じてしまいます。

そう、肌が与える印象はとてもダイレクトに、その人自身のイメージにつながるのです。

ニュートラルメイクのファーストステージでもあり、いちばんの要となる工程は、あなたの印象を左右する肌づくり＝ベースメイクです。「メイクしても変わらないね」と言われてしまう人も、いまの自分の肌づくりに満足していない人も。まずは肌から変えてみてください。

印象の8割は肌で決まる

プロが、ベースづくりにいちばん時間をかける理由

すべてのメイクの土台となるのは、肌。でも、日々のメイクとなると大半の女性は、スキンケアのあとにとりあえずメイク下地とファンデをサッとのばしてすませてしまうことが多いのではないでしょうか。

けれどじつはその習慣こそが、肌の見え方や午後の肌コンディションに大きな差を生み出しているとしたら……？

日中のくすみやくずれはメイク下地やファンデの実力不足ではないかもしれません。

じつは、顔の印象の8割は肌で決まります。

先ほどお話ししたように、肌は「その人自身」。顔の面積の多くを占める肌にはたくさんの情報があらわれます。でも逆に、肌を味方につければあなたの印象を驚くほど変えることも可能。

それをよく知るメイクのプロは、だからこそベースづくりにいちばん時間をかけ、ていねいに仕上げるのです。

さらに、肌がととのうと、顔のマイナス情報が消えることで、その人の顔のチャームポイントがぐっと際立ってくる効果も。「肌から美の扉が開く」といっても過言ではありません。

「なりたい肌」はつくれます。

まずはちょうどよいさじ加減の肌づくりから学んでいきましょう。

肌が美しくととのうと、目鼻立ちまでくっきりとして見えます。メイクの楽しさは、肌から始まります！

肌がととのえば、華が出る、見ちがえる!

Before

すっぴんは、ナチュラルな美しさがあるものの、日によってコンディションが違ったり、血色がよくなかったりすることが……。

After

ベースメイクを基礎から見直して仕上げた肌は、透きとおるような透明感に包まれてこんなに華やかな雰囲気に! 触れてみたくなるほどやわらかそうな肌の質感や色ツヤは、すっぴんとは違った美しさがあります。

華ポイント
立体感とメリハリ
華ポイント
やわらかな血色
華ポイント
明るい透明感

ベースメイク編

保湿

メイク前の保湿が、肌の最終仕上がりを決める

どんなに美しい花も、毎日お水をやらなければ、みるみるうちにしおれてしまいますね。肌も同じ。充分なうるおいを与えてこそ、キメ細かにととのい、輝きを放つもの。

ニュートラルメイクでは、本来の素肌に備わっているそんな輝きやなめらかさも、大切な肌づくりの土台。下地やファンデをつける前の徹底した保湿ケアで、美しい仕上がりをつくるのはもちろん一日の終わりまでヘタらず枯れない「体力のある肌」に底上げすることが第一です。

「保湿ケアなら毎日しているけど？」そう感じる人も多いかもしれません。

では、あなたの午後の肌コンディションはどうでしょう。くすんだり、テカリがあらわれたりしていませんか？

もし思いあたるフシがあれば、あなたの肌もうるおいの体力不足かも。まずは左ページでチェックしてみて。

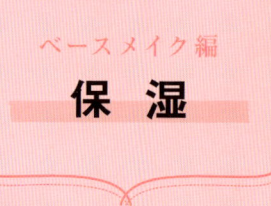

保湿不足で起こる日中トラブル

「朝、キレイにメイクしたはずなのに、ひどい顔!」。たとえば外出先やオフィスで、ふいに目にした鏡のなかの自分の顔に、驚いたことはありませんか。もしかするとそのメイクトラブルも、メイク前の保湿不足が原因かもしれません。

×Tゾーンのテカリ

直接的なテカリの原因は皮脂過剰。けれども、皮脂はそもそも、肌のうるおい不足を補う「自己調節機能」の一つ。そのテカリも、もしかするとうるおい不足によるものかも!?

×目尻の乾燥小ジワ

真顔のときには気づきにくい、目尻の細かいちりめんジワ。じつはこれ、肌内部の水分が失われることが原因で起こる現象です。乾燥した室内で過ごすことの多い人は、要注意。

×夕方のほうれい線

肌も体も疲れが出やすい夕方は、うるおいも枯渇しがちな魔の時間帯。重力で、肌の水分が下がっていくと、朝のハリが消滅して、ほうれい線が出現……。

×午後のくすみ

昼過ぎに起こるくすみの原因は、主に乾燥による「ドライぐすみ」と、皮脂による「酸化ぐすみ」の2種類。いずれも保湿不足によって引き起こされる共通の仮想敵が……。

How to

保湿

正しい保湿で、メイクのり＆持ちがよくなる

化粧水と美容液でうるおいの層をつくる

ベースメイクの仕上がりや持ちは、保湿力にもかかわっている。その重要性がわかったら、正しい保湿ケアからおさらいしましょう。

まずは朝の洗顔時。顔の水気をタオルでおさえたあと、化粧水をつけるまでの時間はどのくらいですか？　じつはそのわずかな空白の時間にも、保護膜を流した肌からは水分蒸発が起こっているのです。

まず日常的なこのタイムラグをなくして、取扱説明書に書いてある使用量どおり、たっぷり肌に含ませること。この2点を念頭に、化粧水、美容液の順になじませて。

みずみずしさを効率よく補うには、化粧水と美容液のダブル使いを

OK!
保湿ケアでは、水溶性の美肌成分をたっぷり肌へ。ヒアルロン酸・セラミドなどの保湿成分入りのものを選んで

キメを美しくととのえる

Step 1 化粧水

化粧水の目的は、肌表面の角層に水分を含ませて、キメをふっくらととのえること。これにより美容液の浸透もよくなります。肌に刺激を与えないようにコットンにたっぷり含ませ、肌表面をやさしくすべらせて。

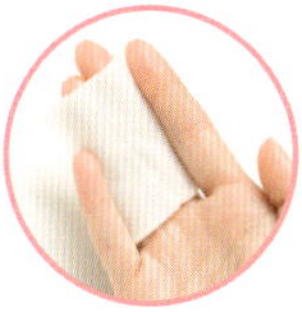

コットンはこう持ちます

1 水分を吸わせるように

化粧水でひたひたにしたコットンで、水分を吸わせるようにゆっくり肌をなでます。

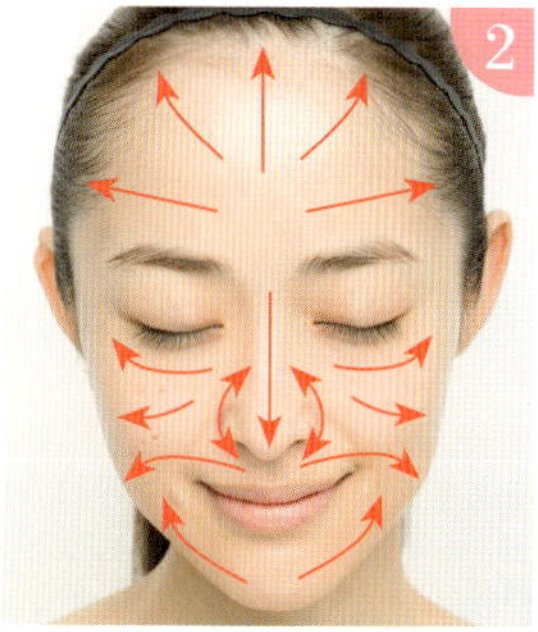

2 細かい部分もていねいに

矢印のように細部までなじませたら、頬とひたいはひんやりするまでパッティングします。

One Point

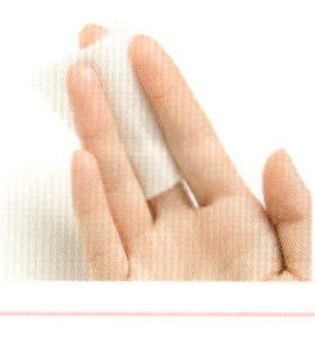

小鼻のわきなど、細かい部分は、コットンにはさみ込む指を1本に。これがつけ忘れを防ぐコツ。

もっちり感を長持ちさせる

Step 2 美容液

有効成分を豊富に含む美容液は、肌の必要に応じてプラスするものです。主な種類は、保湿、美白、アンチエイジング。うるおいが持続しにくい肌には、セラミドやヒアルロン酸など保水力の高い成分入りのものがおすすめ。

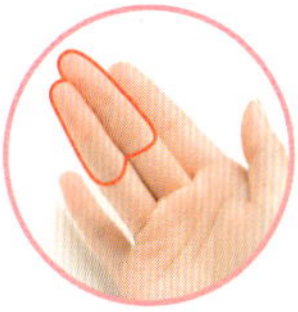

この指を使います

1 ムラなくのばして

面の広い頬からなじませます。指先を使って肌へのばしたら、おし込むようにプレスして。

2 乾燥ゾーンには重ねづけ

乾燥しやすい部分には、もう一度重ねづけ。効果を発揮させるには、量をケチらないこと。

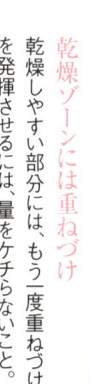

How to

保湿

1分間乳液マッサージで肌の総合力を高める

撮影前の必殺技を直伝
むくみも疲れもリセット

化粧水、美容液のあとは、乳液をなじませれば、基礎保湿の完了です。ここでぜひ取り入れたいのが、簡単な血流アップマッサージ。

多忙な現代女性は、気をつけていても前日の疲れを肌に残したまま翌朝を迎えることも多いもの。そんなコンディションのままベースメイクを始めても、ファンデもチークもキレイにはのらないものです。

滞った老廃物をスムーズに排出できるよう、ツボおしや耳まわしを取り入れて効率よく美の後おしを。メイク前は肌に膜感を残さないさらりとした感触の乳液を使いましょう。

撮影前、モデルさんにこのマッサージをするとメイクの仕上がりが抜群によくなります

1

肌にのばしてスタート

はじめに乳液を両手でのばし、顔全体にまんべんなくのばし広げ、なじませておきます。

量はたっぷりこれくらい

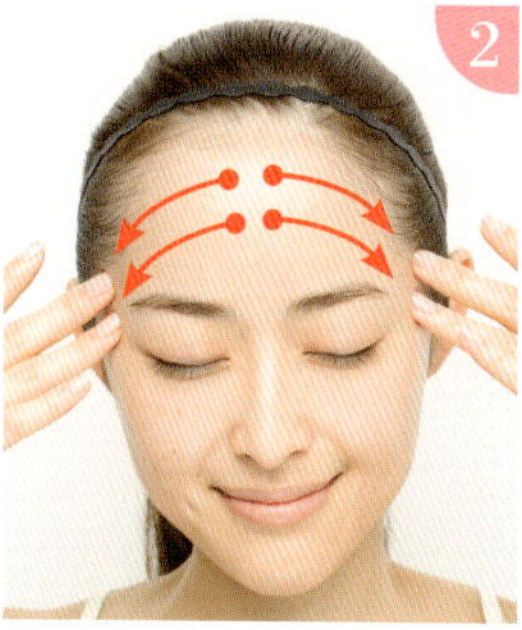

2 まずは、ひたいから

両手の中指と薬指をつきあわせるようにひたいの中央に置き、こめかみまですべらせます。

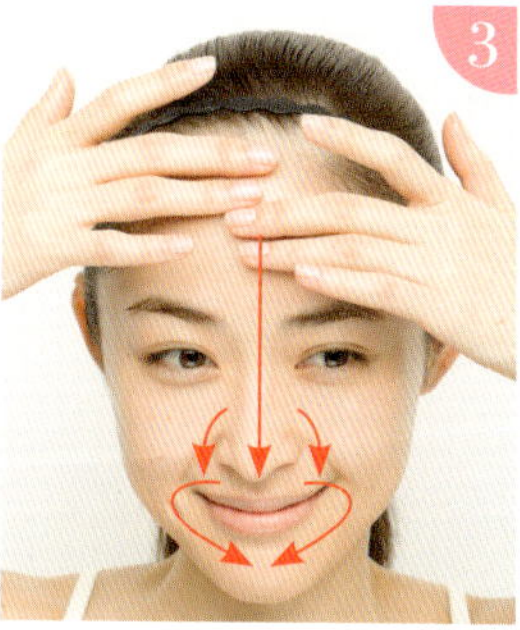

3 顔の中央を上から下へ

顔の中央は、老廃物を下へ送るように。ひたいから鼻すじ、小鼻のわき、鼻下からあご先へ。

4 頬骨の下から耳の前へ

頬骨の下は老廃物のたまりやすい部分。頬骨の下辺にそって耳の前まで、少し強めにスライドさせます。

5 もたつく輪郭を流す

フェイスラインは、折り曲げた人さし指と中指であごの骨をはさみ、耳下までスライドさせます。

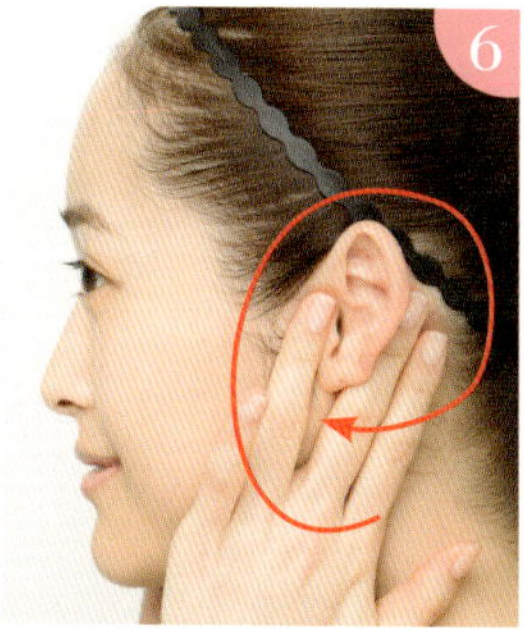

6 耳まわしで耳下腺《じかせん》を刺激

老廃物をスムーズに流すため、耳をはさんで耳まわしを。耳下腺が刺激され血行がアップ。

7 鎖骨へ、さらにわき下へ

耳下腺から鎖骨へ。鎖骨をはさんで肩口へ。最後はリンパの排出口、わきの下まで流します。

5分おいてなじませる

ここで最低でも5分待ってから下地をのせると、メイクがくずれにくくなります（くわしくはP38）。最後にうるおいがなじんだか確認を。

メイク下地で肌の情報を整理

ベースメイク編

メイク下地

「下地って、いまいちどう役立っているのかわからない……。本当に必要ですか?」

これはメイクの講習会などでよく聞かれる質問の一つです。

その答えは「もちろん必要」です。なぜなら、使うメリットがいくつもあるから。

キメや毛穴などのマイナス情報をカバーして、メイクののりや持ちをよくする「肌ならし」効果はもちろんですが、利点はほかにもたくさん。

たとえばくすみを払って肌色を明るくととのえる色補正効果のおかげで、ファンデーションを厚塗りしなくても、美しい素肌感が出せます。

また、光沢やツヤで顔の立体感やメリハリを浮き上がらせ、乾燥や紫外線などの外的刺激から肌を守る役割も。つまり、使わないと損！　といえるほど、肌の情報を整理する力があるのです。

下地選びのポイントはこの3つ！

進化したメイク下地は、賢く選べばファンデーション以上に整肌効果の高い、有能ツール。選ぶときに参考にすべきポイントは、大きく分けて3つあります。

1 仕上がり感

「毛穴レスなつるんとした肌になりたい」「ツヤッと輝く、発光系の肌に見せたい」。どんな肌を演出したいかは、人によって異なります。下地選び一つめのポイントは、毛穴カバーや保湿など、肌が求める「効果」や「仕上がり感」。自分の肌コンディションにあったテクスチャー（感触、使用感）の探し方は、P34で。

2 色み

その実、ベースメイクの仕上がりをもっとも左右するのが「肌色」。クマやシミ、赤みなどの色ムラが透けて見えると、どんなにキメ細かな肌も美のインパクトは半減。そこで、色で色を制する「補正効果」を、下地選びの二つめのポイントに。肌色のにごりを消す色選びの方法は、P35へ。

3 サンケア効果

「光老化」という言葉があるくらい、太陽光線はいまや肌を劣化させる、ブラックリストの筆頭要因。これをガードする「機能性」も、優秀なメイク下地か否かのポイントに。1種類ではない有害光線を効率よく防ぐための知識と方法は、P36～でお伝えします。

ベースメイク編

メイク下地 1

仕上がり感を選ぶ

肌のニーズにあわせてタイプをセレクト

最近のメイク下地は、用途やタイプも細分化される傾向にあります。ただ大きく分けると、うるおいとツヤを与えるモイスチャー系とマットな仕上がりになるスムーズアップ系の2つの潮流が確立されていて、いずれも軽やかな感触のものが増えています。

そんな下地によく使われる原料が、タルクやマイカといった天然鉱物。タルクはサラサラと軽く、マイカはしっとりやわらかい感触。また、マイカはキラキラと輝くパール剤の原料として使われますが、これらの組み合わせでさまざまなテクスチャーを実現できます

仕上がりの方向性を決めよう

スムーズ

オイルコントロール

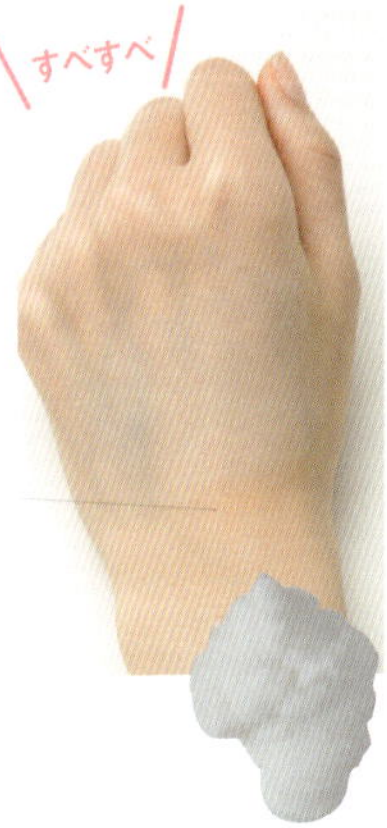

皮脂吸収ポリマーやタルク、毛穴をカバーする球状粉体などが配合されているのがこのタイプ。さらりとした肌が長続き。

モイスチャー

みずみずしい

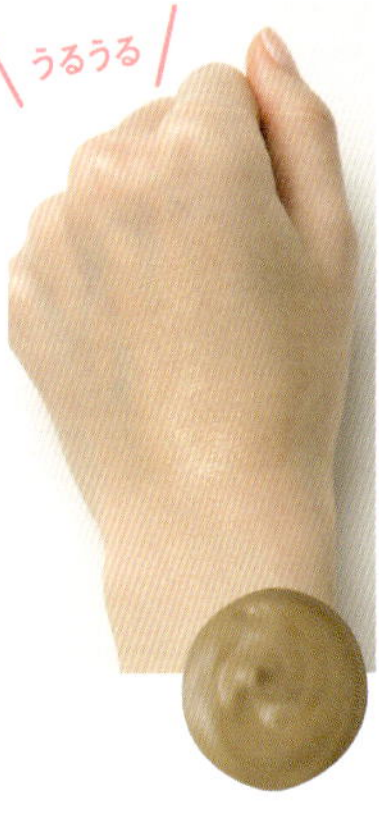

このタイプは抱水性成分やエモリエント成分が多いほど、みずみずしい感触に。とくに、乾燥が気になる人におすすめ。

パーリー

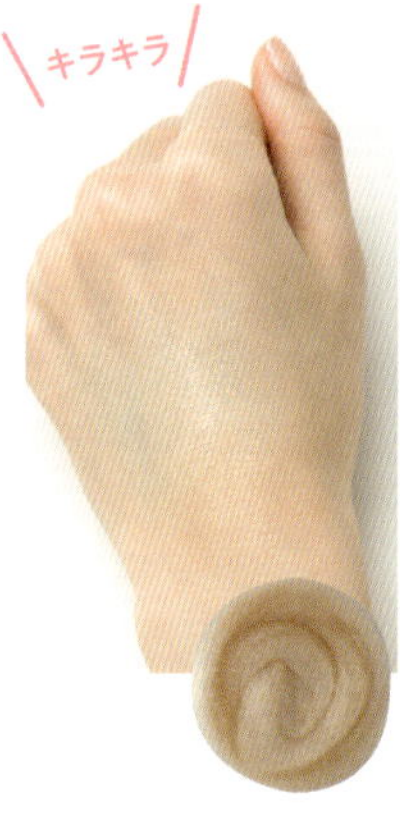

パール系は、マイカやガラスを酸化チタンでコーティングしたツヤと立体感がポイント。毛穴が目立つ肌には、控えめに。

ベースメイク編

メイク下地 2

肌色をコントロール

色ムラを制して、肌色もニュートラルポジションに

メイク下地ですませておきたい2つめのポイントは、素肌の色補正をすること。

目の下のクマや頬の色濃いシミ・ソバカスから、頬や小鼻のわきの赤み、全体的な黄みやくすみまで。肌をじっくり見てみると、さまざまな「色ムラ」が潜んでいます。これをニュートラルな肌色ポジションに調整するのが、色で色を制すコントローラーの仕事です。

下地には、P34で紹介した仕上がり感の演出として、淡い色がついているのが一般的。自分の肌色の状態に応じて選びましょう。

Pink

淡いピンクは、血色のいい肌色をすばやく再現。やわらかな肌感触を思わせるその色づきは、色白肌ほど効果的。

Yellow

肌色のにごりや色沈みを明るくカバーして、健康的なスキントーンに微調整。黄み系の肌にも浮かない万能色。

Green

赤ら顔などの頬の赤みを相殺するのがこのグリーン。赤みが気になるところだけに、ポイント使用するのが正解。

Orange

くすみ感がより強い、ダークな茶ぐすみ系の肌色悩みに効果を発揮。クマやたるみなどの「影色消し」が得意な色。

Purple

パープルは、肌色に澄んだ透明感をまとわせる、エレガントカラー。黄ぐすみしがちな肌色の黄みをおさえる効果も。

ベースメイク編
メイク下地
3

サンケア効果を選ぶ

若々しい肌を守るために３６５日のサンケアを

メイク下地選び三つめのポイントは、紫外線への防御機能。太陽光線と肌トラブルの関係性が解明されてきたいまでは、日差しによる老化を遅らせてキレイな肌を守るため、年齢や肌タイプにかかわらず、３６５日のサンケアが必要といわれるようになってきました。

日々ガードしたい有害光線は、ＵＶＢと呼ばれる紫外線Ｂ波と、ＵＶＡと呼ばれる紫外線Ａ波の２種。波長の長さが異なるため、肌に対する悪影響もそれぞれ異なります。

ＵＶＢを防ぐＳＰＦ値、ＵＶＡを防ぐＰＡ値、どちらもチェックして購入を。

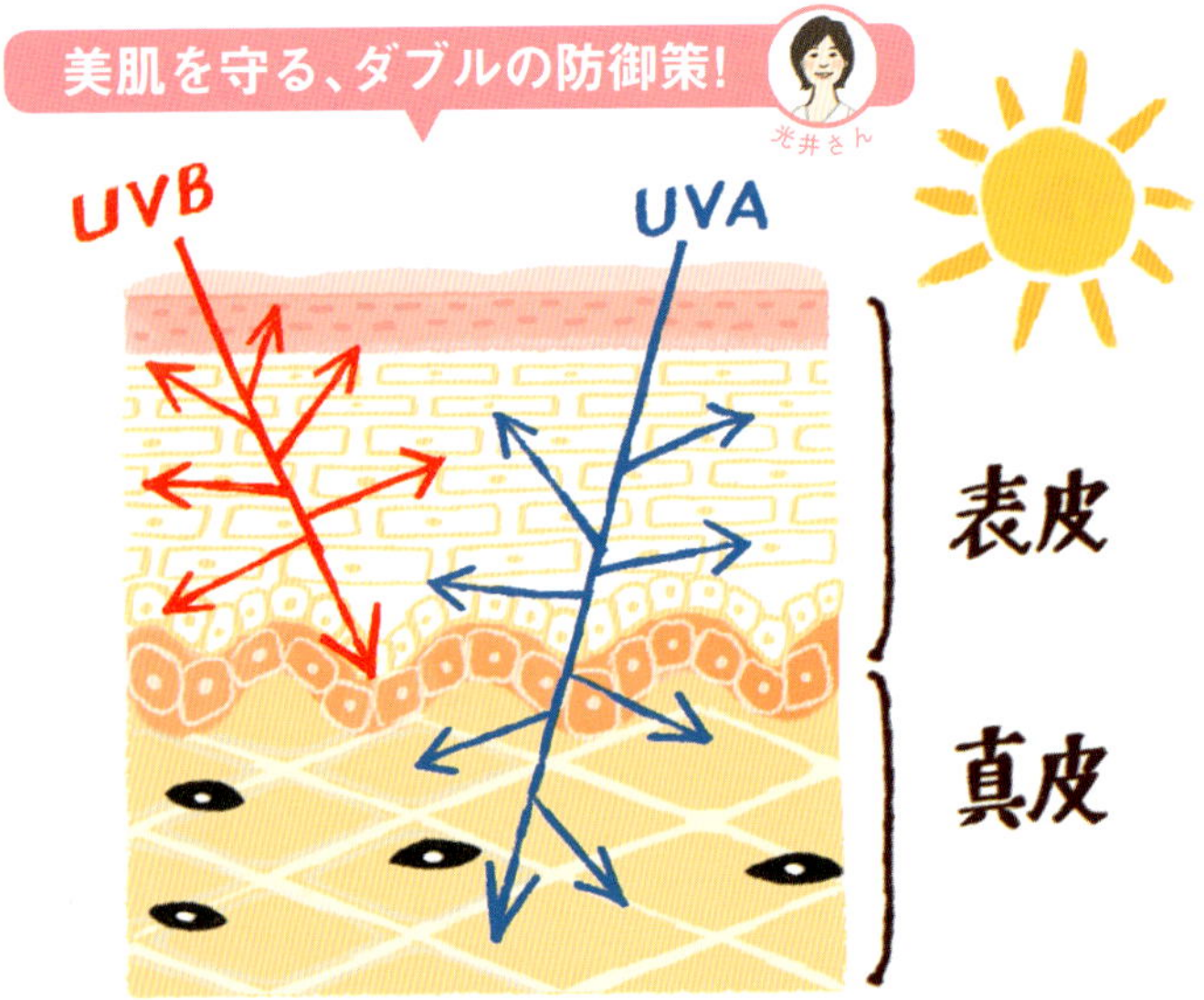

UVBを防ぐSPF値

UVAに対して、肌を赤くヒリつかせるのがUVB。表皮までしか届きませんが有害性は高く、シミやシワを誘発したり、免疫力を低下させることもある厄介な存在。これを防ぐ指数がSPF 。最大値は50＋で、SPF数値が高いほど肌が赤くなるのを防ぐ効果があります。

UVAから守るPA値

太陽光のなかでもジワジワと肌を老化させるのがUVA。波長が長いため熱さを感じませんが、真皮層まで深く届いて活性酸素を発生させ、コラーゲンなどの弾力線維を破壊します。このUVAを防ぐ基準がPA値。『++++』が最大表示です。

UVカット剤の 種類と選び方

メイク下地やファンデのほか、最近では口紅にもついていたりするSPFやPA表記。サンケア効果を示すものとはわかっていても、その成分や効果までは知らない人も多いはず。簡単なしくみを学んで、製品選びの参考に。

紫外線吸収剤

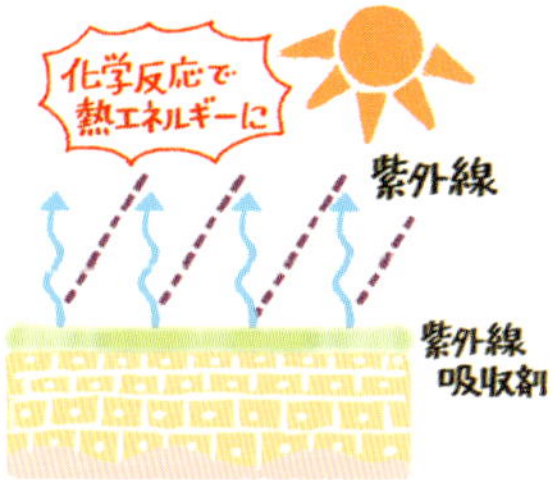

紫外線A波やB波を吸収するケミカル物質。取り込んだあと熱エネルギーに変わります。敏感肌だと刺激に感じることも。

紫外線散乱剤

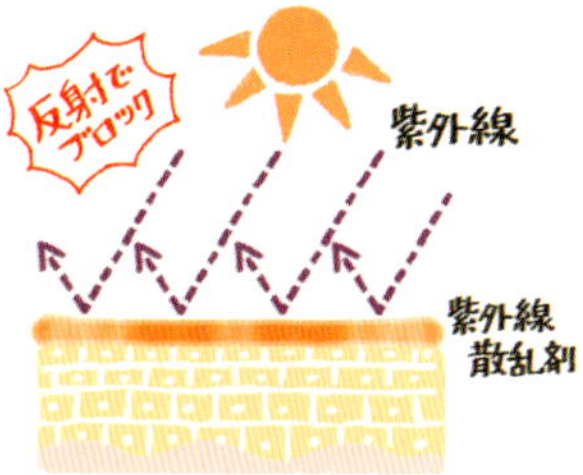

酸化チタンや酸化亜鉛の皮膜で、物理的に紫外線をはね返すノンケミカル成分。効果が高いほど、感触のきしみや白浮きが気になることも。

サンケア剤の 効果的な使い方

「ファンデにサンケア効果があれば、下地には不要?」そんな疑問もありますが、絶対に落ちないメイクなどありません。そう考えれば、重ねておくほど肌には安心。以下の塗り方のコツとあわせて、効果的なサンケアを。

ムラなく塗る

下地やメイクを塗ったから、日焼け対策は万全！ じつはこれがいちばん危険な思い込み。サンケア対策では、ムラなく均一に塗れているか、ということが大切です。

こまめに塗り直す

朝しっかりメイクをしても、日中の汗や皮脂で化粧膜はくずれるもの。こまめな塗り直しこそが最大の防御策です。ヨレがひどいときは、一度オフして塗り直しを。

基準が変わる!? UVアイテム最新事情

日本人よりメラニン色素が少なく、紫外線への耐性が弱い白人が多くくらすサンケア先進国、米国では、2012年からUVケア製品に新基準が発動されています。その一つが「Broad spectrum」。これは、SPFが15以上あり、かつ紫外線A波も防御できると認められた製品にのみつけられる表示です。日本でも2013年、紫外線A波を防ぐPAの表記が、『+++』から『++++』に変わるなど、より細かくなりつつあります。

How to

メイク下地

メイク下地は指8割・スポンジ2割でうまくいく

仕上がりもメイク持ちもつけ方しだいで激変！

いままでの話を参考に、自分にぴったりのメイク下地をみつけたら、さっそく実践！ 肌にのばしてみましょう。

最初の注意点は、保湿後すぐにメイク下地をつけないこと。美容液や乳液がなじみきっていない肌表面にメイク下地をのばしても、上すべりするだけでキレイに密着しないからです。最低でも保湿後5分はおいてからベースメイクを始めることで、フィット感もがぜん高まり、日中もヨレたりくずれたりしにくくなります。

そして次に大切なのは、ムラづきしないようにつけること。このときのポイントは、ムラなくのばすための指使いです。

均一につけているつもりでも使う指によっては力の加減が難しく、いちばん薄くなじませて仕上げたいフェイスラインに下地がたまっている人も、案外多いもの。

ファンデーションの塗り方にも通じることですが、これが顔と首の色がくっきり違ってしまう一因にもなるのです。

そして、メイクののりと持ちを左右するのが、指8割、スポンジ2割の法則。

このあとでつけるファンデーションを美しく引き立てるために、指だけではなくスポンジも活用し、きちんととのった土台をつくりましょう。

指 8割

ベースメイク時、いちばん最初につける下地は、ムラづきなく仕上げることが大切。顔全体をうるおいの膜で包み込むイメージでのばすのがコツです。

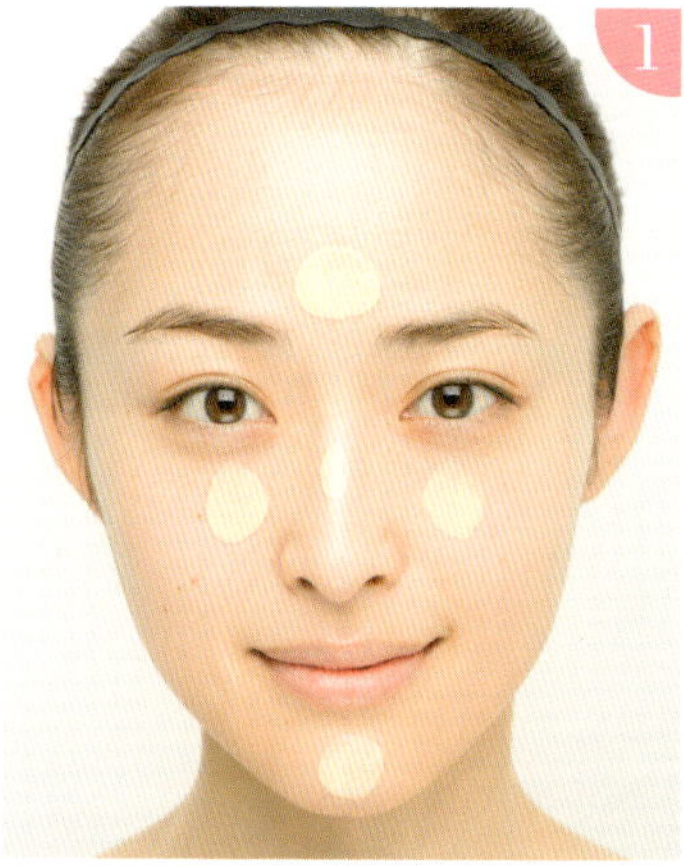

まず5点に置いてスタート

規定の量の下地を手のひらに取り、ひたい、両目の下、あご先、鼻すじの5か所に点置きします。鼻すじにはごく少量でOK。

面積の広い頬からのばす

のばし広げは中心部から輪郭へ向けて。まず面の広い頬から、指を顔の丸みにそわせてスッとすべらせるような軽いタッチで、片側ずつ仕上げます。

のばし広げは中指と薬指で!

中指と薬指の第二関節までを広く使ってのばす。人さし指ほど力が強く入らないので、のばしすぎを防ぐ効果が。

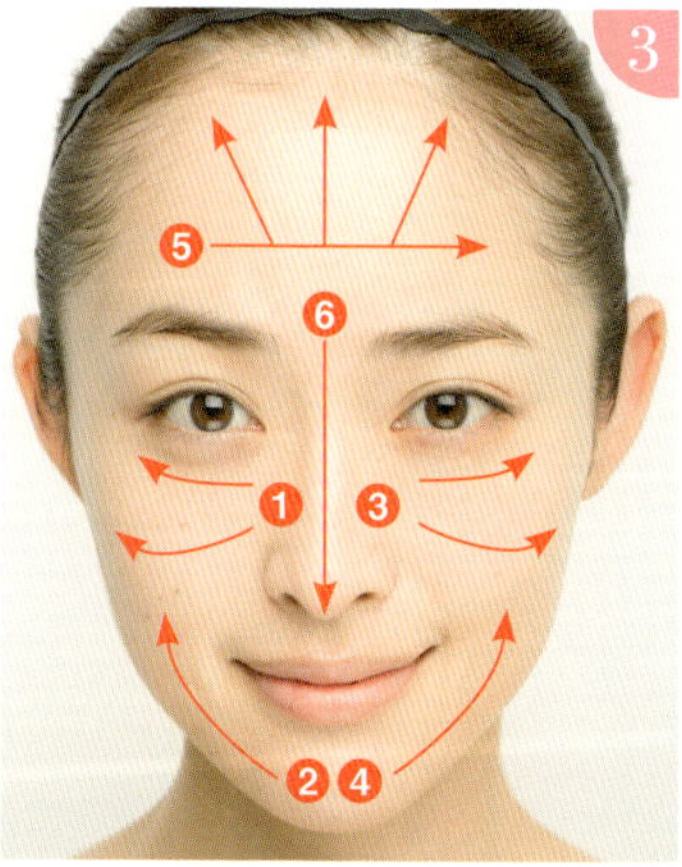

輪郭へ向けて薄くのばす

頬は中央から輪郭へ。ひたいは中央から生え際へ向けて。鼻すじは上から下へ。目元や口元の細かい部分は、最後に仕上げます。

さらに仕上げの工程へ

スポンジ2割

肌にしっかりのばしたあとは、スポンジ仕上げの工程へ。指づけのすじムラをならしながら不要な油分も取り除くので、時間がたって皮脂が出てきてもキレイが長続き！

スポンジの面を使って

スポンジの角を使って

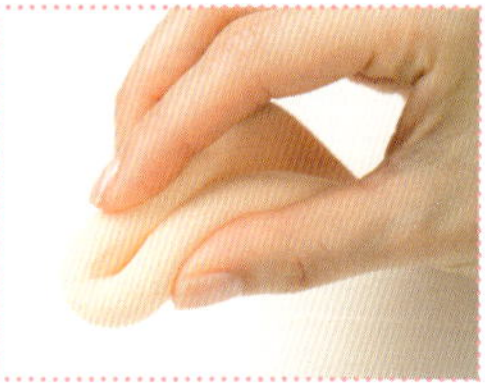

4

パッティングでしっかりなじませる

指だけでのばした下地は、細かいすじムラや油分の浮きが出やすいもの。仕上げに全体をスポンジで軽くたたいて、充分なじませます。

5

細かい部分ほどていねいに

小鼻や目のキワなど、構造が入り組んだ部分ほど仕上げはていねいに。スポンジの角を利用して、液だまりをならします。

完成！

ムラなく下地がフィットした肌は、過剰な油分もオフされて、まるで透んだ素肌のような印象に。

やりがち
NG!

均一にベタ塗りすると…透明感ゼロ!

意識せず下地を塗ると、メリハリがなくなりがち。立体感も透明感もゼロ。

教えて！尾花さん

メイク下地、どう使い分ければいい？

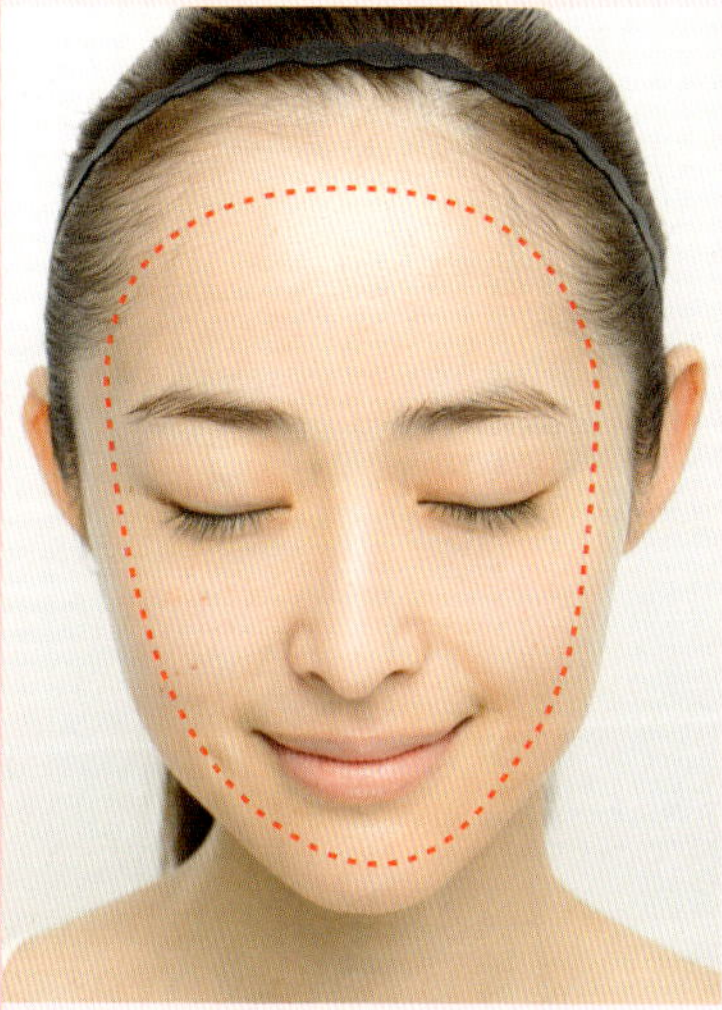

Q 明るめのパーリー系下地はどう使う？

A 2割狭くのせて

同じメイク下地でも、種類によっては塗り方に工夫が必要です。たとえば明るめのパール入りの、肌色がトーンアップする下地の場合は、立体感の演出効果が高い半面、広くのばしすぎてしまうと膨張して見えやすくなってしまいます。そこで顔の面積より2割狭くオン。これで、下地をつけていない輪郭部分の自然な陰影も手伝って、立体感も際立ちます。

Q かためのスムーズ系下地の塗り方は？

A 「アクセント置き」で

かためのスムーズ下地の役割は、皮脂が出やすく、目立つ毛穴をカバーすること。このセオリーを考えると、おのずと使用すべきところも見えてきますね。Tゾーンはもちろんですが、小鼻のわきの、頬のあたりも意外に皮脂量の多いところ。乾燥しやすい目元や口元まで広げないように、アクセント的にのばしましょう。

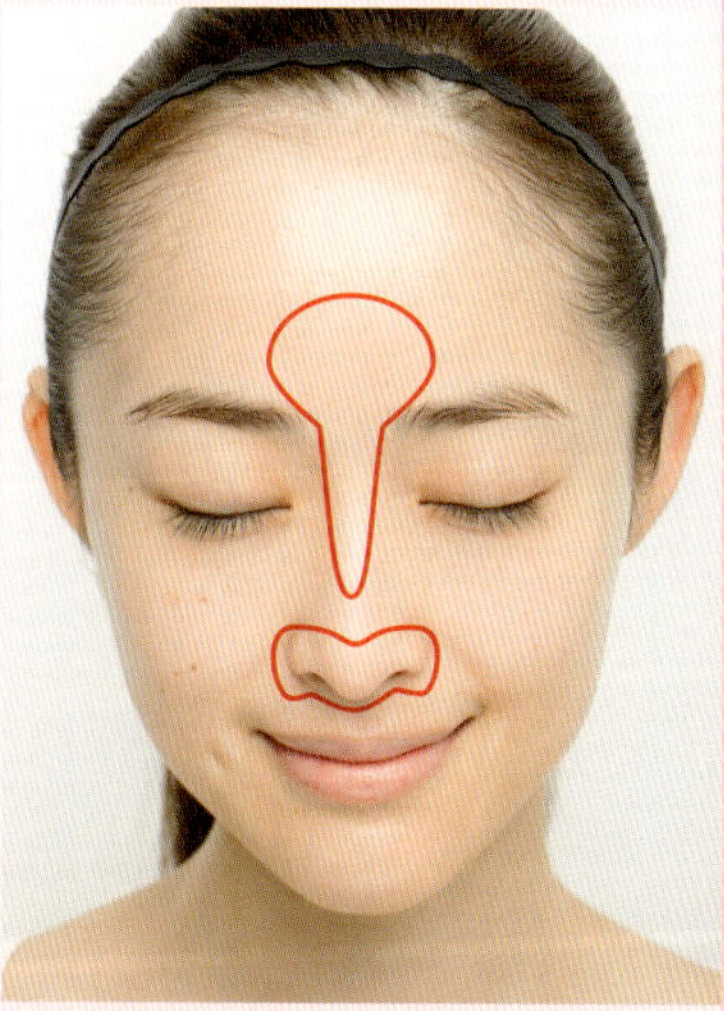

ファンデーションが理想の「肌質」をつくる

ベースメイク編

ファンデーション

メイク下地の選び方や使い方をマスターしたら、いよいよベースメイクの主役であるファンデーション。

　ファンデーションは、いわば肌の演出家。肌がどんな〝雰囲気〟をしているかで、その人自身の印象が決まるといっても過言ではありません。そして、なりたいイメージ、つまり、メイクの方向性を決める土台となるものです。

　本題に入る前に、もしあなたの愛用ファンデがパウダリーの場合は、まず先にコンシーラーのステップ（P52〜）を実践して。なぜならファンデーションを塗ったあとに重ねると、ヨレてしまうから。先に、下地だけでは隠しきれないシミやクマをまず消しましょう。

　それ以外のリキッドや、クリーム、クリームコンパクト（エマルジョン）派は、ファンデの上からコンシーラーを使ってもOKです。

ベースメイク編
ファンデーション

ファンデーションは仕上がり印象から選ぶ

パウダリー＝マット肌 リキッド＝ツヤ肌とはいいきれない

「ファンデーションって、パウダリーがいいの？　リキッドがいいの？」という声をよく耳にします。メイク持ち、季節、肌質などさまざまな選び方はありますが、ファンデは、その人の〝雰囲気〟の土台をつくるもの。その原則をふまえると、まずは「どんな肌になりたいか」から選ぶのがおすすめです。

よく、「パウダリーはマット肌、リキッドはツヤ肌をつくる」といわれますが、最近はパウダリーでもみずみずしいものがあったり、リキッドでもマット感があったりします。

まずはテクスチャー（感触、使用感）を選ぶ前に、質感をイメージしてみましょう。

仕上がりの２大質感 「ツヤ」と「マット」の印象の違い

最近は「手軽だからパウダリーが好き」という人でも、ツヤ肌を実現することができる時代。ここではツヤ肌とマット肌が、それぞれどんな印象を人に与えるかを解説します。TPOやなりたいイメージから、どちらの方向にするのか選ぶ参考に。

ツヤ	マット
●華やか	●知的
●輝きがある	●落ち着きがある
●若々しい	●陶器のような質感
●ハリがある	●ふんわり
●健康的	●上品

肌質はもちろん、季節や、毎日の過ごし方などを考えてから選ぶのもおすすめです

ベースメイク編

ファンデーション

意外と知らないファンデーションの中身をのぞく

仕上がり感の差は配合される「粉体」の違い！

日比さん

ファンデーションの仕上がりを大きく左右するのは、配合された粉体や顔料の特性です。なかでも肌印象に大きくかかわってくるのが粉体の性質で、輝きや柔肌感なども、これらの配合量で異なります。

いまではさまざまな粉体を複合化してソフトフォーカス効果を強めたり、毛穴をカバーしたりと、粉体技術は各ブランドごとに進化しています。ただ、すべての基本となるのがツヤ出しの「板状粉体」と、マット演出の「球状粉体」の二つ。その役割をP45でご紹介する前に、テクスチャーについて学んでおきましょう。

テクスチャーは大きく分けて４つ

ファンデーションは粉体と、水分（保湿剤など）＋油分のうるおい成分などでできています。あくまで目安ですが、中身は下のような割合です。

リキッドタイプ

粉 うるおい
3 : 7

水分と油分がバランスよくまざった乳化タイプの筆頭テクスチャー。少量でのびるので薄膜感がつくりやすいのもポイント。

パウダリータイプ

粉 うるおい
9 : 1

皮脂や汗などを吸う力が強め。湿ったスポンジでもつけられる2ウェイ仕様も健在。皮脂が多い肌ほどキレイにのる。

クリームタイプ

粉 うるおい
2 : 8

油の中に水分を抱え込む（W/O）など、深い保湿性を備えるのが一般的。カバー力は高め。

クリームコンパクトタイプ

粉 うるおい
5 : 5

エマルジョンタイプともいうよ

粉量、うるおい量ともにリキッドとパウダリーの中間で、かためのテクスチャーが特徴。肌留まりがいいので、重ねづけにも便利。

パウダリーでもツヤ肌、リキッドでもマット肌になる謎は粉にあり

2大基本粉体のしくみ

日比さん

ツヤ肌に見せる板状粉体

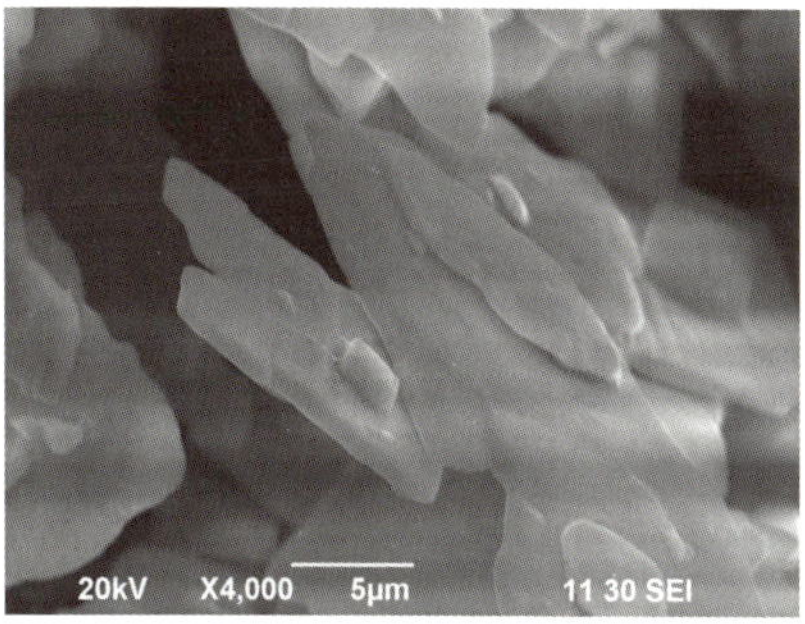
20kV X4,000 5μm 11 30 SEI

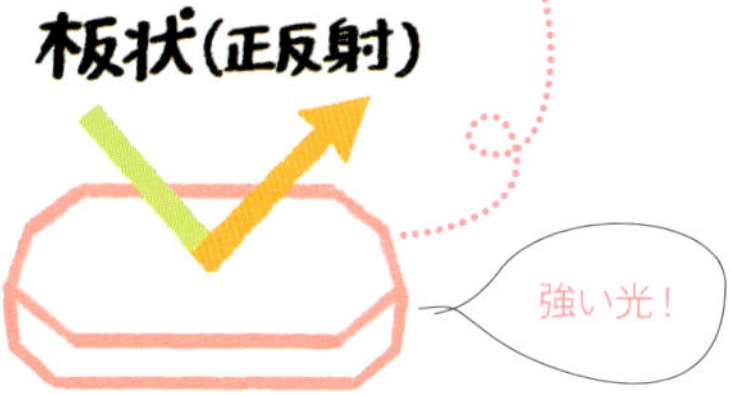
板状(正反射)
強い光！

肌にあたる光を強くはね返す「反射板」のような役割をする板状の粉。これを多く入れると、ツヤッと輝きのある若々しい肌を演出できます。

マット肌に見せる球状粉体

20kV X5,000 5μm 11 30 SEI

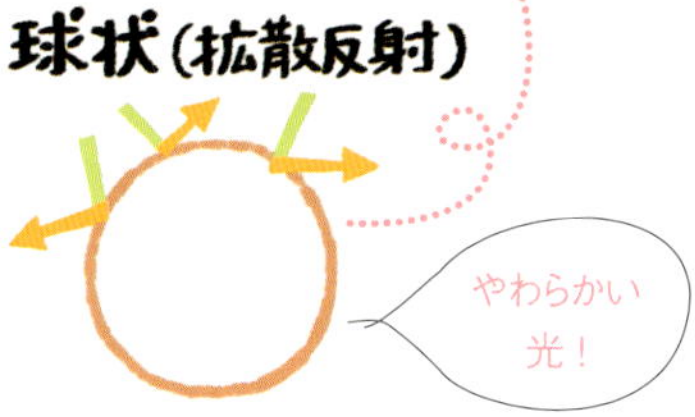
球状(拡散反射)
やわらかい光！

肌にあたる光をさまざまな方向に反射(拡散反射)させる丸い球状の粉。すべすべでやわらかそうな質感を演出し、肌の凹凸をぼかす役割も。

教えて！ 尾花さん

Q ファンデーションを買うときに失敗しないコツは？

A **広範囲にのばしてなじみをチェック**
ファンデを選ぶとき、よく見かけるのが手の甲への試しづけ。でも手と顔の色は違います。買えば3か月は使うものですし、面倒でもメイクオフして、頬や輪郭近くまでの広範囲につけて、なじみ方をチェックして。

A **試しづけしたまま一日過ごしてチェック**
使うとなれば、一日中肌にのせておくのがベースメイクアイテム。本当に肌にあうかをジャッジするために、肌につけて半日以上は生活してください。うるおい感、テカリ、色ぐすみなど、日中も肌をチェックして、夜、あらためて判断を。

Bakery

ベースメイク編
ファンデーション

ファンデーションは厚みが命！「減厚塗り」でプロ仕上げの肌に

ファンデーションを変えるより塗り方一つで肌は変わる

せっかく理想のファンデーションを手に入れたはずなのに、そのよさがいまひとつ実感できないことはありませんか?

それはもしかすると、効果的な「塗り方」ができていないのではないでしょうか。

たとえば多忙な女性の朝のメイクをのぞいてみると……スポンジにたっぷりとパウダリーを取って、頬もまぶたもフェイスラインも、とにかく顔のすみずみまで同じ厚みに何度も塗り重ねてベースメイク終了。

そんなにファンデを均一に塗っては、肌本来のツヤや素肌感を消すことになります。その結果、もったいないことに立体感も透明感もなくなってしまいます。つまりこの塗り方では、ナチュラルとはほど遠い厚塗りメイクになってしまうだけなのです。

ここでは、立体感と透明感を引き出す塗り方のコツ「減厚塗り」を伝授します。

じつはこれこそが、知られざるテクニック。プロと自己流との差がいちばん出るところです。プロは、肌トラブルが出やすく、骨格的に光を集めやすい顔の中心部ほどファンデを厚く塗ります。そこから外側に向かうにつれ厚みを減らし、ナチュラルに見せるのです。

どのような割合になっているのか、左の写真を見てみましょう。

「首と顔の色が違う！」
そんな事態も、
この塗り方なら回避できます

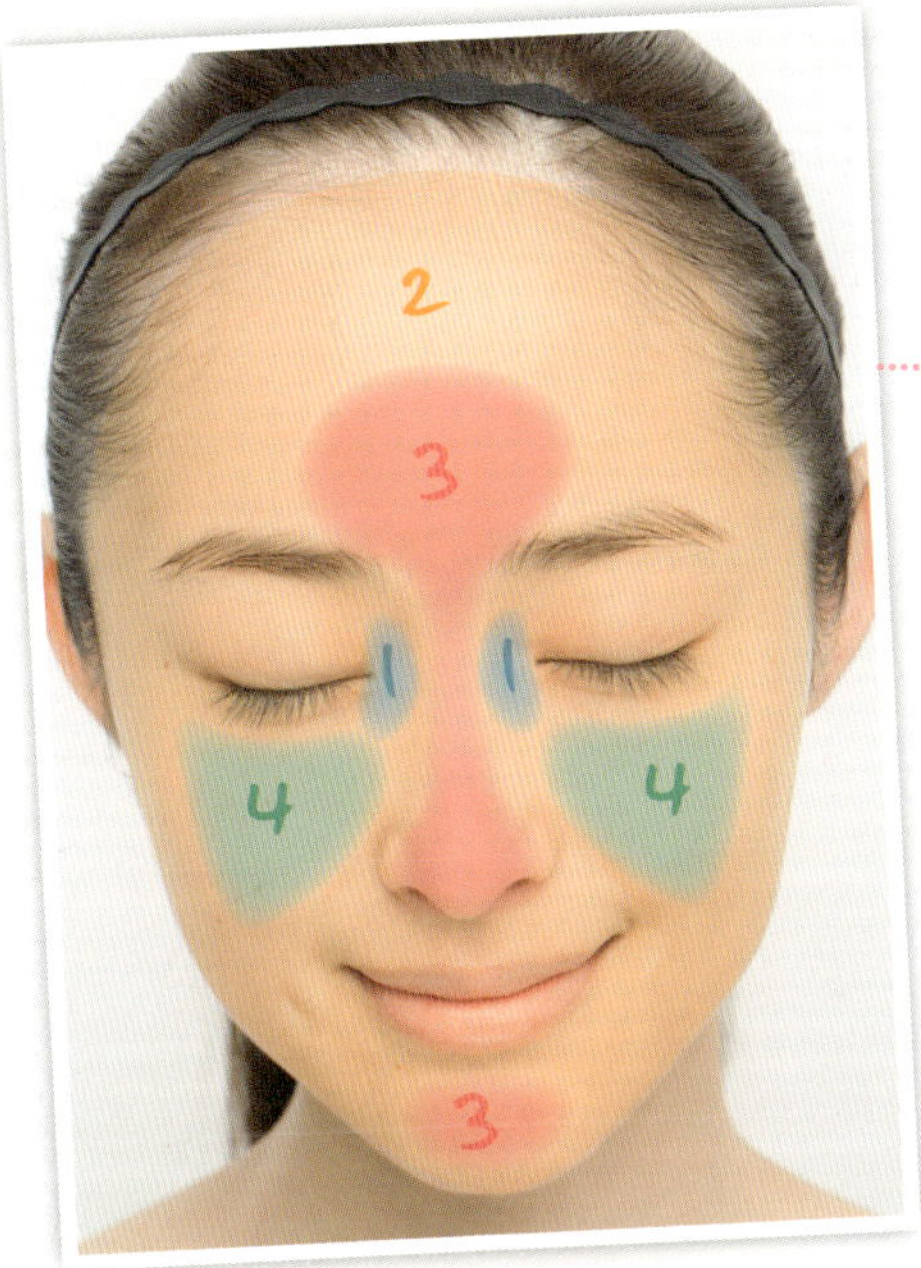

均一塗りはNG！ 4：3：2：1の厚みで

明るい場所で顔をじっくり観察してみると、立体的な構造をしていることがわかります。肌が光を受けたとき、この自然なメリハリがより活きるよう、ファンデで中央を厚めにするのがより自然に見せる秘訣。エリアごとに「減厚」するのがポイントです。

4 ： 3 ： 2 ： 1

4 顔のなかでいちばん面積が広く、笑うと頬骨がぐっと出るなど動きのある頬。マイナス情報も出やすい部分なので厚めにカバーを。

3 じつは骨格自体が頬より出っぱっているのがひたいとあご。ただ動きによる高低差はないので、頬よりやや薄めに仕上げて。

2 輪郭へ向けてカーブするのが顔の造形。中央部からフェイスラインへ向かうほど薄くなるように、厚みを調整して陰影を表現。

1 目頭は、顔のなかでいちばん骨がくぼんでいて、光を集めやすい貴重な部分。ここのツヤを残すことで素肌感、透明感がアップ。

こんなに違う！ プロと自己流メイクのファンデの量

何の先入観もなくファンデを塗った人と、プロが仕上げたメイク。それぞれの肌についたファンデの量を、特殊な光をあてて計測したら……なんとこんなにも違いがくっきり！ プロのほうは、フェイスラインが素肌に近い仕上がりになっているのがよくわかりますね。

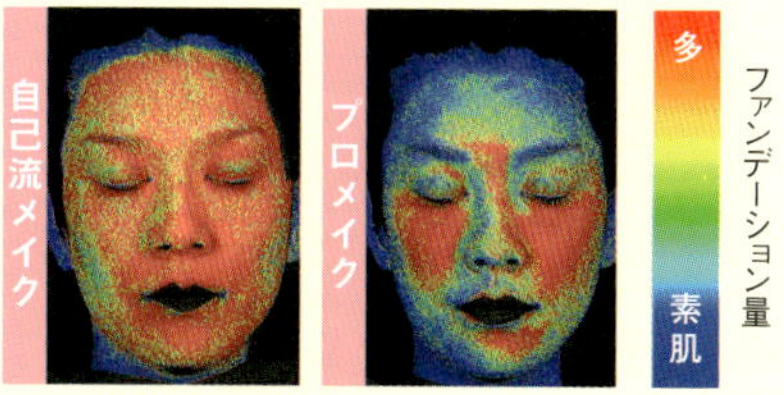

資料提供：カネボウ化粧品・豊橋技術科学大学

How to

ファンデーション

陶器のようにすべすべ知的マット肌のつくり方

中央から外側へ スポンジ使いで透明肌へ

朝のメイクも午後のお直しも、スポンジ一つでサッとすませられる手軽さで、愛用者の多いパウダリー。質感もつけ心地も、日進月歩の有能アイテムの一つです。

それなのにまだまだ、必要以上の厚塗りやムラになっている人をよく見かけます。そこで、まずはマット系パウダリーファンデーションを使った肌のつくり方をご紹介。

もともとキメ細かな肌質を演出しやすいのがパウダリーの長所。立体感や透明感を際立たせて、手持ちのパウダリーの力を最大限引き出してください。

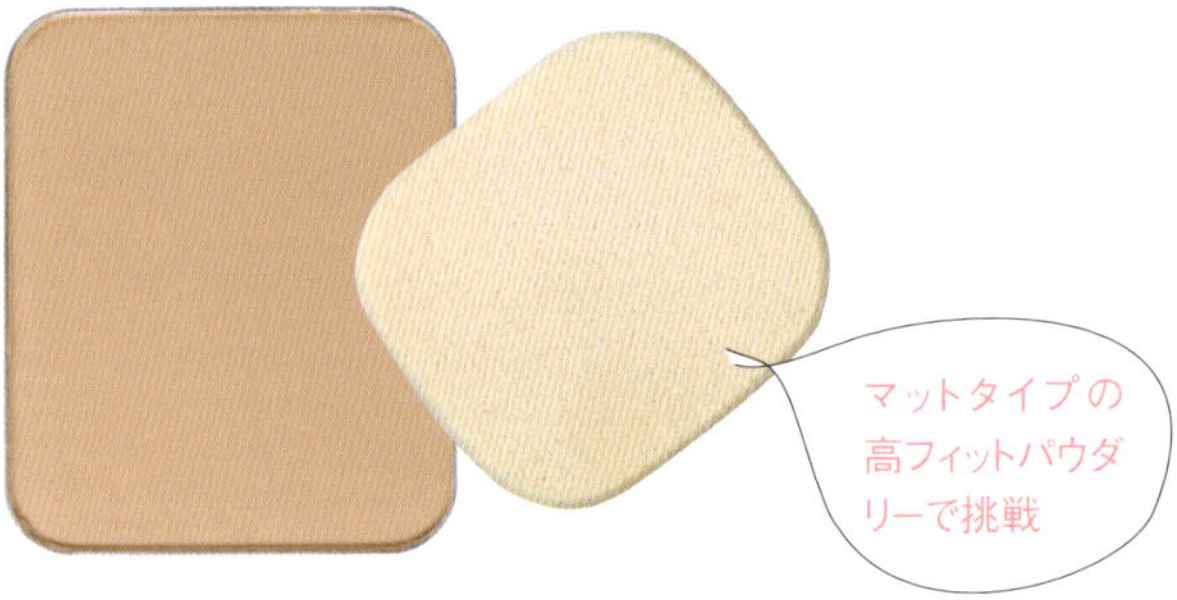
マットタイプの高フィットパウダリーで挑戦

塗る

片頬でスポンジに¼量が目安！

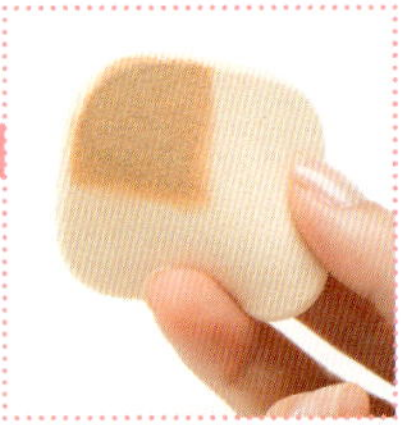

1

まず、頬の広い面から

仕上げは片頬ずつが基本。頬面の鼻すじに近い中心部から、スポンジを横へすべらせて。

ひたいは中央から外側へ

スポンジをひたいの中央にのせ、フェイスラインに向け放射状にのばします。矢印の方向に動かして。

のばす

細かい部分もていねいに

鼻すじや目のキワなど、入り組んだ部分も塗り忘れなく。ファンデは足さずに仕上げます。

スポンジの
角を使って

輪郭側へなじませる

1で塗ったパウダリーの境目を、輪郭へ放射状になじませます。なでるようにすべらせて。

持つのは端だけ!
ペラペラ持ちで

端を持つことで、力が入らず表面だけをならすことができます。

目元は最後にひとなで

アイメイク時に、さらにアイシャドウを塗り重ねるまぶたは、最後にひとなでする程度でOK。「ほぼ素肌」くらいで充分です。

マット肌 完成!

さらりとキメ細かなマット肌が完成。しっかりカバーしたい頬の毛穴も目立たずキレイ!

How to

ファンデーション

はじけるようにみずみずしい 華やかツヤ肌のつくり方

中指から薬指のリレーで美しい厚みバランスを実現

ツヤッとした保湿系テクスチャーの場合、しっとり感が高いほどヨレやくずれが悩みのタネに。そこで、そんなリキッドを持ちよくつややかに仕上げる方法を実践しましょう。

ポイントは、指の使い分け。まず、いちばんカバーしたい頬の部分は、中指全体を使っていっきに塗ります。そのあと、自然になじませたいフェイスラインは指をかえ、薬指全体でのばします。ここで大事なのは、指先を点のように使うのではなく、指の腹全体を面で使うこと。これで、すじムラになりにくく塗りたいところに塗ることができるのです。

つややかなうるおいリキッドで挑戦

塗る

1

リキッドは中指だけに

リキッドはいきなり顔にのばさず、まず中指だけに取ります。頬の面積をひと塗りでカバーできる第二関節までを使用。

顔半分でパール粒大が目安

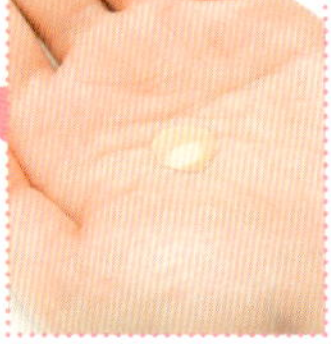

パール粒ってこれくらい→

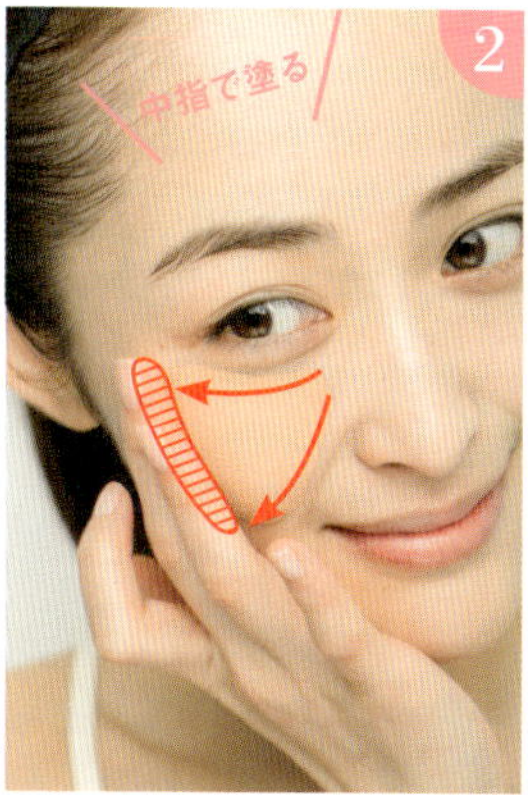

頬の面をひと塗りでカバー

中指の先が目頭の下にあたるように、鼻すじ横に指をあて、そのままワイパーのように指を目尻までスライドさせます。

のばす

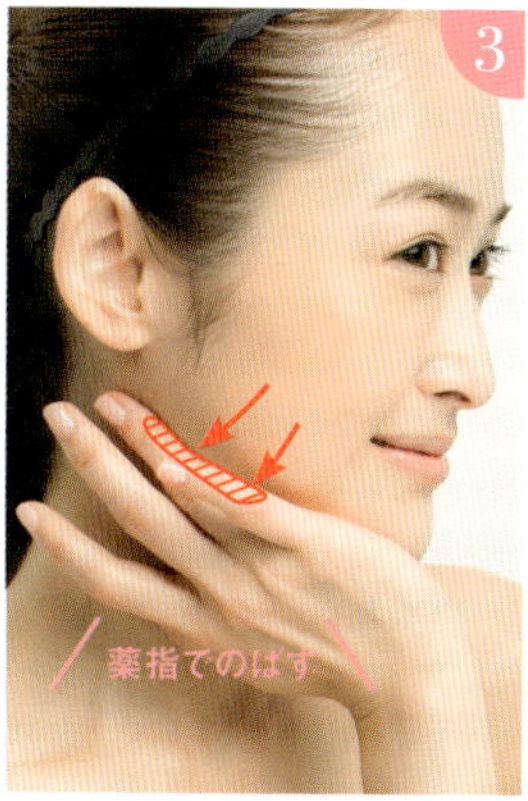

アウトラインをのばす

2でつけたファンデを、力が入りにくい薬指でのばし広げます。このとき、フェイスラインほど薄くなるよう意識しましょう。

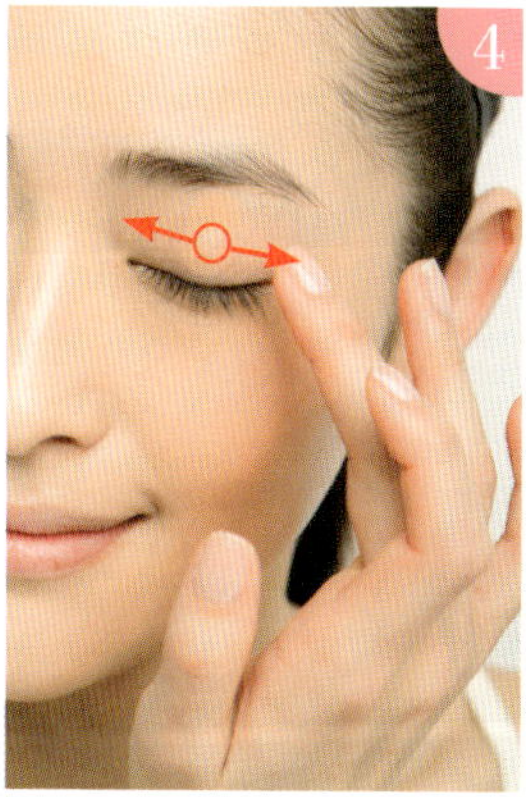

細部までていねいに

両頬、ひたいの面をなじませたら、眉間から鼻すじ、細部もしっかりと。まぶたには中指に残った量をトンと置き、薬指でスッとなぞって。

なじませる

スポンジでなじませる

最後の仕上げは、スポンジ。指で広げたすじムラをならす程度に、肌をやさしくおさえていきます。

意外に目立つ目のキワの赤みも消しておく

ツヤ肌 完成!

自然なツヤがにじみ出て透明感あふれる肌。最後にごく薄くお粉(P56 ～)を重ねれば、くずれにくさも倍増です。

ベースメイク編

コンシーラー

コンシーラーを使い分けて細部のマイナス情報を消去

一つで何とかしようとせずに適材適所のアイテム選びを

肌のコンディションをととのえるメイク下地、なりたい肌の質感をかなえるファンデーション。でも、それでも消しきれない、より細部のマイナス情報もあるものです。

それを消すためのアイテムがコンシーラー。ひと口にいっても、バリエーションはとても豊富です。それだけに適材適所の色とテクスチャー選びができるようになれば、マイナス情報のない無垢な赤ちゃん肌に！　まずはP53でアイテムをチェックしましょう。

パウダリーファンデの場合は、下地のあとに使うのがポイントです。

赤ちゃん肌への２原則

1

光と色、テクスチャーを悩み別に使い分け

尾花さん

たとえば同じトラブルでも、シミとクマではまったくの別物。シミの場合、コンシーラーは周囲の肌色とあわせないと悪目立ちします。クマの場合、クマの色にあわせたトーンと、よく動く目元にフィットするやわらかいテクスチャーにするなど、適材適所が肝心です。

2

何度もさわらないように

高橋さん

ファンデーションと同じく、コンシーラーの肌色も赤、黄、黒の3色をベースにつくられます。ただすべての色はまぜるほど黒に戻るのが原理。つまり、くすんでいくのです。種類にかかわらず、効率のいい最小限のタッチで仕上げるのがコツ。

大切なのは、濃度と用途！

アイテム別使い分けテキスト

淡
筆ペンタイプ
アプリケータータイプ
クリームタイプ
スティックタイプ
ペンシルタイプ
濃

広範囲の影に

薄くつややかなテクスチャーで広範囲をカバーでき、ハリ感もアップ。やわらかいので、よく動く目元や口元に◎。

クマやくすみに

目の下やまぶたなど、目元まわりのカバーに適したやわらかなテクスチャー。

点在するシミに

小さいブラシでつけるタイプだけに、狙いどおりピンポイントでカバーできるのが特徴。密着力が高く、色幅もたくさん。

広め、大きめのシミに

直接塗れて、ある程度広めの面積もカバーしやすいのがこのタイプ。かたさはブランドごとにさまざまです。

濃いめのシミに

密着力に優れ、かなり濃いシミやホクロも隠蔽《べい》可能。ただし保湿効果は弱いため、乾きやすい部分には不向きです。

How to

コンシーラー

基本がわかれば失敗しない シミとクマの確実カバー術

case 1

肌年齢マイナス5歳！

薄いシミの消し方

頬など、あまり動かない場所にあるシミには、肌留まりのいい、クリーム以上のかたさのコンシーラーを使いましょう。シミ周辺の肌色にあわせた色選びがベスト。

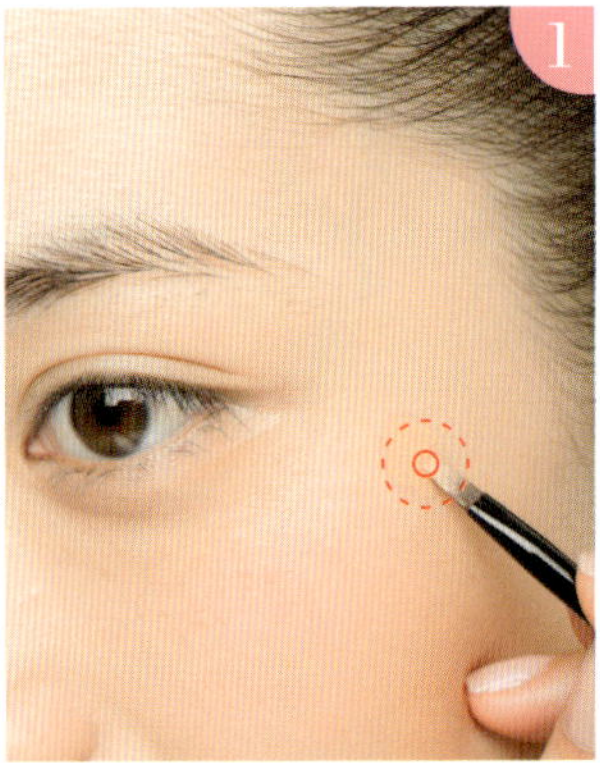

2まわり大きくオン

使用するのは、地の肌色に近い明るさのクリームコンシーラー。隠したいシミを、2まわり大きく塗りつぶします。

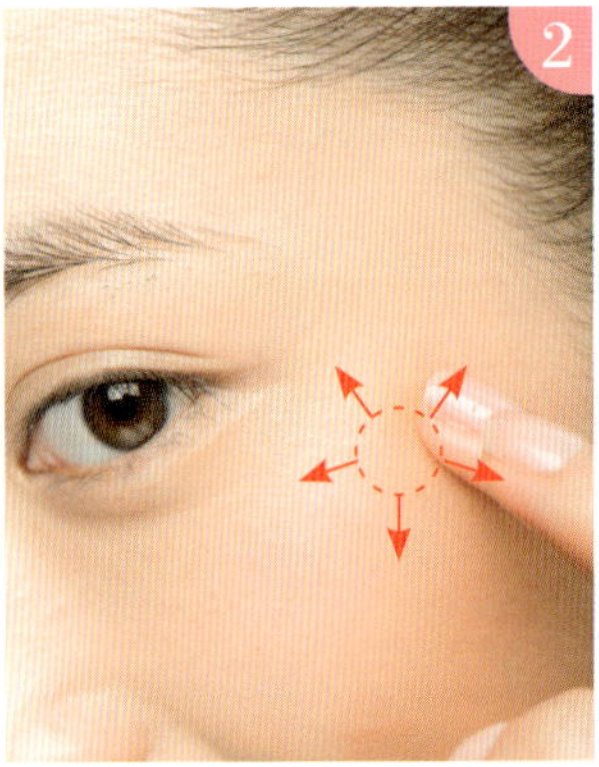

外周をぼかし込む

大きくのせたコンシーラーの外周と、肌の境目を、指先で軽くたたいてなじませます。シミの部分には触れないように。

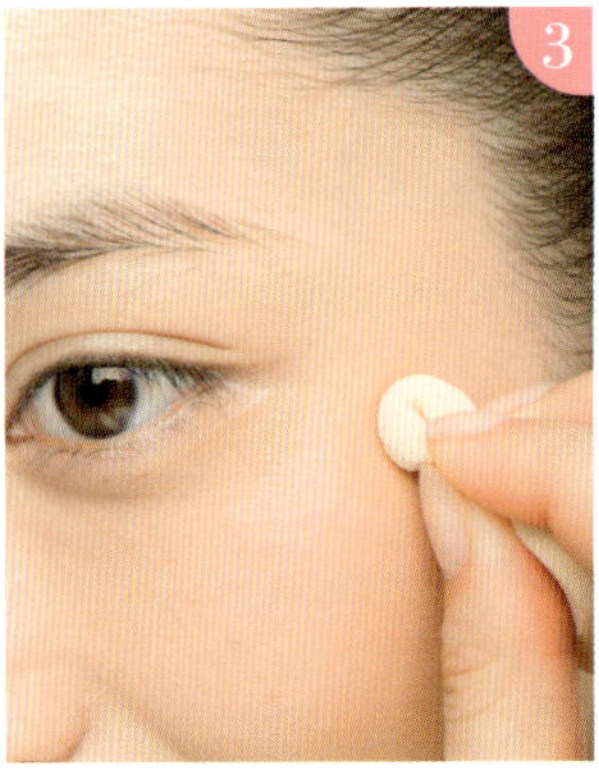

パウダーで定着させる

薄衣を重ねて密着感をアップさせます。パウダーを少量スポンジに取り、コンシーラーをつけた部分を軽くおさえてなじませて。

case 2

お疲れ顔を払拭する

キレイなクマの消し方

よく動く目元のクマ隠しは、筆ペンまたはアプリケータータイプの、やわらかテクスチャーを使います。クマと同トーンの色＋淡いパールで影を飛ばしましょう。

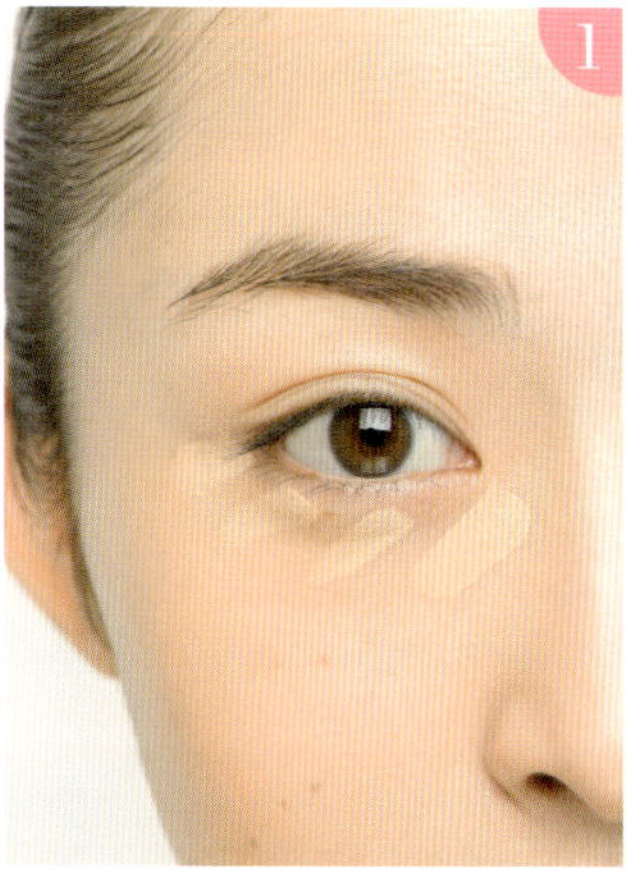

目の下に点置き

広範囲に広がるクマにかぶせるように、目の下に肌色コンシーラーで太目の斜線を引きます。

「核」から広げる

薬指で、1のラインを横につなげ「核」をつくります。この「核」はクマをカバーしている部分のことです。

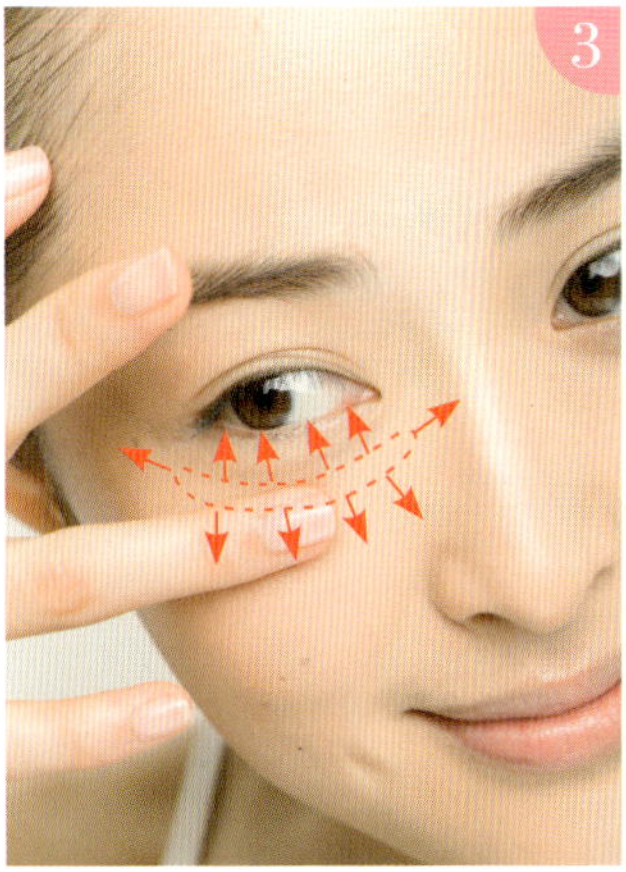

境目をなじませる

核のアウトラインを、薬指の腹でトントンとたたくようになじませます。

スポンジで仕上げ

スポンジですじムラをなじませながら、余分な油分をオフ。目のキワのヨレをなくし、ていねいに仕上げます。

ベースメイク編

パウダー

リキッド派の仕上げには お粉で繊細質感をプラス

プラスお粉、のひと手間で肌をランクアップ

みずみずしさやしっとり感に差はあるものの、リキッドやクリームなどの液状ファンデーションは、うるおい効果も魅力の一つ。ただリッチすぎるツヤやうるおいはまた、メイクくずれやテカリを誘発する一因にも。そこで液状ファンデ派のワンモアステップとしておすすめなのが、仕上げの薄膜美肌ヴェール、フェイスパウダーの一手です。

何より、ワンステップの手軽さでどんな肌もいっきに、プロが仕上げたような印象に格上げされるのがポイントです。

ブラシかパフ、好みのツールでどうぞ。

形状は違えど効果は同じ
お粉の種類と使い方

高橋さん

フェイスパウダーは、大きく分けて2種。粉状のルースパウダーと、これをプレスした固形状のプレストパウダーです。微小パール入りのものもありますが、いずれもパフかブラシでつけられます。

サラサラマットな
ルースパウダー

セミマット肌を携帯!
プレストパウダー

粉浮きナシの

シアーづけで肌を格上げ

シアーとは「ごく薄い」「透きとおるような」という意味。ここではパフとブラシそれぞれのツールを使った、フェイスパウダーの上手なつけ方を解説します。いずれの場合も粉を取ったあと、すぐ肌につけないのがポイントです。

パフの場合

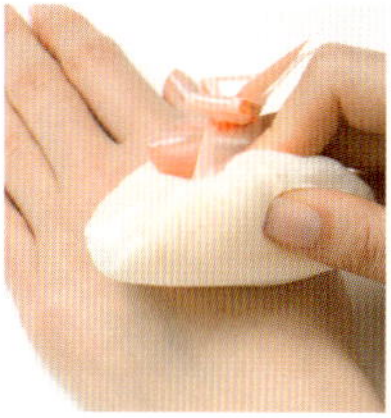

手の甲で調整

パフに粉を適量取ります。まんべんなく粉がなじむまで手の甲にプレスし、つき方を調整します。

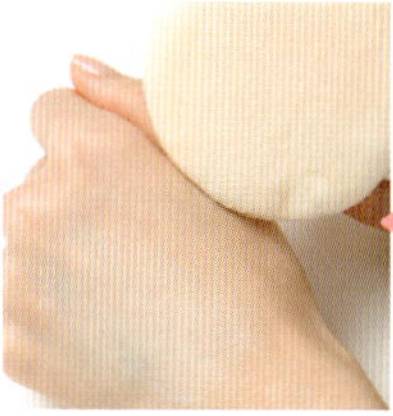

なじんだら肌へ

ほんのり色がわかるくらいまでなじんだら、肌へ。すべらせず、肌をおさえるようにつけましょう。

ブラシの場合

裏表に含ませる

ブラシの表面、裏面に粉を含ませます。手の甲にブラシの側面を軽くおしつけながら調整を。

筆を立てて粉量調整

続いてブラシの中まで入った粉量も調整します。ブラシを垂直に立て、軽く粉を落としてから顔へ。

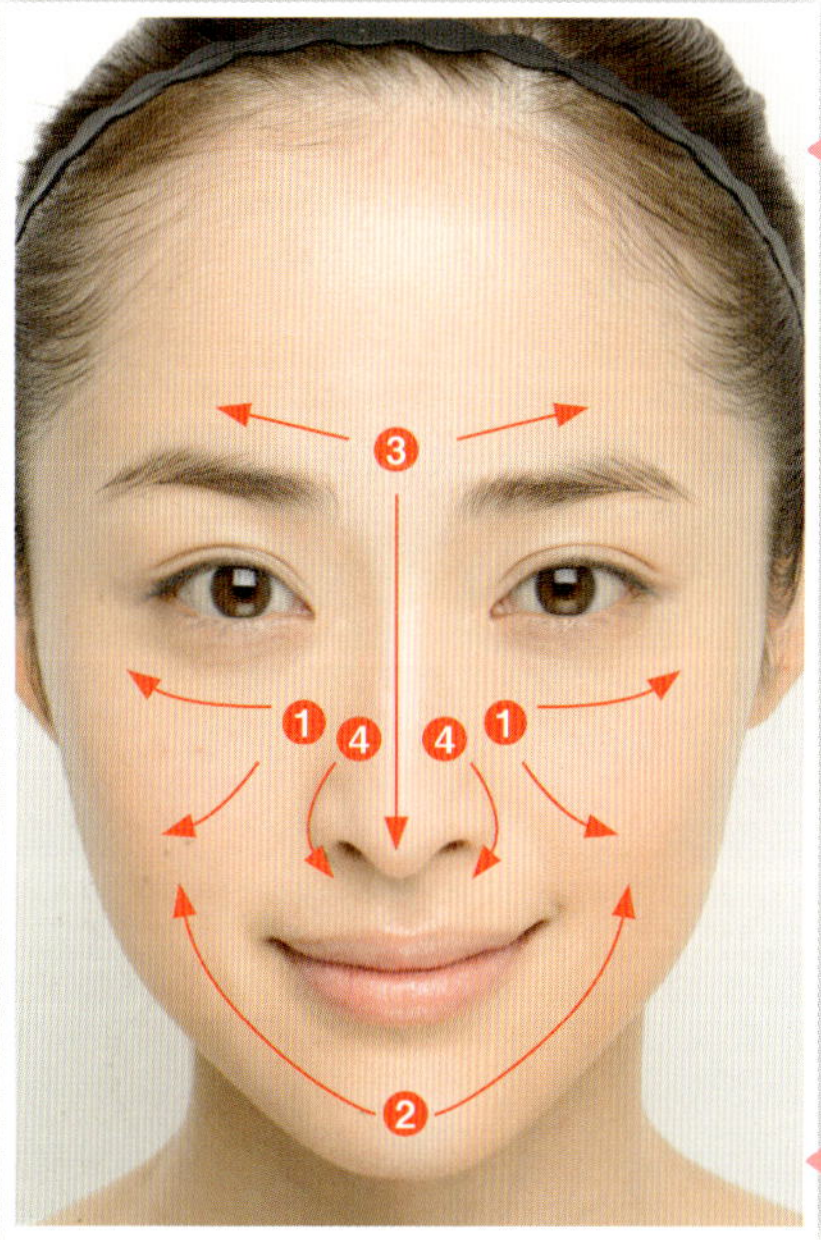

矢印の順に重ねていくと、自然になじみます。

教えて! 尾花さん

Q 「トランスルーセント」って、たっぷり塗ってもOKなの?

A 透明な粉、という意味のトランスルーセントパウダー。つい間違えがちですが、ファンデーションである限り色はついています。白浮きの原因になりますので、パフによくもみ込んで薄く使ってくださいね。

ベースメイク編

Cheek

頬

いきいきとした ライブ感を 肌に吹き込む チーク

チークは生命力

ベースメイクの総仕上げ、ともいえるほど重要な役割を担うのが、チーク。

色がのりすぎて派手に映ったり、入れる位置が表情とあっていなかったりすると、どこか違和感のある印象に。

つまりチークが与えるのは、肌の息吹であり、生命力なのです。

ごくナチュラルに頬に溶け込んで、いきいきとつやめく素肌のように。

すこやかに息づくニュートラルな美の演出を。

生命力を生み出すのは 血色＋立体感

特別な日のメイクは別にして、毎日のメイクのなかで顔色に健康的な赤みを添えることができるのは、その実、チークとリップの2か所だけ。

それだけに、この血色感をいかにバランスよく操れるかで、肌の白さや美しさの最終的な印象も、大きく変わってくるのです。

というと、チークがとても難しいステップだと思われてしまいがちですが、そんなことはありません。そのお手本はすでに、あなたの顔のなかにあるのですから。

たとえば、何かに夢中になっているときのはつらつとした表情や、うれしさや幸福感でぽっと頬がピンク色に上気したときの肌。

そんないきいきとした肌にふとあらわれる血色が、失敗のないチークカラーの色であり、間違いのないチークの入れどころでもあるわけです。

そして、血色に加えてもう一つ、立体的な頬のふくらみを強調し、丸みの演出をするのも、チークの重要な役割。にっこり笑ったときのように頬が高い位置にあるほど、若々しく健康的な印象を与えることができるのです。

チークを上手に使えば
もっと効果的に、
生命力あふれる
表情が演出できます

ベースメイク編

チーク

だれもが似合う万能カラーコーラルピンクで自然な血色

一つは持つべき、肌なじみ抜群の万能コーラルピンク！

よくチークカラーを選ぶときのたとえとして使われる「頬が上気したときの血色感」という表現。実際のところ、どんな色？

そう思ったら、自分の肌の色をベースに考えましょう。血色は赤。それが肌色のベージュに透けるのです。そんな2色を足して2で割った、コーラルピンクがその色。

さらに、頬がもともともつ立体感を強調するために繊細なパール感があれば、健康的な肌ツヤを演出できます。

まずは選び方や使い方のコツを身につけて、万能チークを極めてみましょう。

失敗しないチーク選び３原則

1 肌なじみのいいコーラル系を

いまやチークカラーの色はとても豊富。なかでもおすすめなのは自然な血色を演出できる、コーラル系です。どんなメイクにも応用がきく、まさにニュートラルポジションカラーなのです。

2 ごく繊細なツヤ感がある

チークの役割は、血色と立体感の演出。そのためには、繊細なツヤが出るパール配合のチークがベストです。肌にのせたときに違和感のないパール感のものを選ぶことが大切。

3 赤み、黄みが強すぎない

少し黄ぐすみしやすい肌色や、赤ら顔っぽく見える肌など、肌色にも人それぞれ個性があります。コーラル系でもピンク寄りのもの、オレンジ寄りのもの、さまざまな色みがあります。必ず自分の肌色にあったものがみつかるはず。

2大テクスチャーは、どう使う？

ファンデーションほど多種ではないものの、チークにもいくつかテクスチャータイプが存在します。大きく分けると、サラサラの「乾式」か濡れ質感の「湿式」かの2タイプ。はっきりとした仕上がりの差はなくなってきているので、メイク習慣と好みで選んで問題ありません。

ブラシで

ドライ質感のパウダータイプ

パウダーチークはコンパクト型のプレストタイプ、サラサラのお粉と2種があり、ふわりとやわらかな質感を演出できるのが特徴。ファンデのあとに使いますが、リキッドやクリーム派ならフェイスパウダーのあとに使うとヨレません。

指で

濡れ質感のクリームタイプ

練りチークとも呼ばれる湿式チークは、適度なうるおいと密着感あるつけ心地が特徴。パウダリーファンデ派なら、下地のあとに仕込みましょう。またリキッドやクリーム派なら、ファンデのあとに指でトントンなじませて。

教えて！尾花さん

Q くすんだ色みのものやキラキラチークは、どう使えばいいの？

A チークカラーのなかには、少しくすんだトーンや、パールやラメが強く出るものもありますが、これらは目的も特殊、と考えましょう。たとえばくすんだブラウンやテラコッタ系の色は、輪郭を引き締めるシェーディング用。輝きが強いものは立体感を出すハイライト用として、部分的に使うのが一般的。つまりフェイスカラーの領域です。

How to

チーク

微笑み顔を形状記憶「立体チーク」の描《えが》き方

チークはつねに「笑顔とセット」が基本

肌色にしっくりなじむやわらかなコーラルピンクをみつけたら、幸福オーラを表情にまとわせるため、入れ方にもうひと工夫！

とはいっても、その方法はとても簡単なこと。「幸福な顔」をした状態、つまり笑顔にチークを入れるだけです。たったそれだけのことですが、これがとても重要な魔法のバランス学。

頬のいちばん高い位置に色がのっていて、つやめいている最高の表情、それが笑顔。頬に高さがあれば若々しく見えるうえ、さらに顔に奥行きが出ます。チークを入れるときは必ずにっこり、を習慣にしましょう。

頬位置は表情でこれだけ変わる！
「笑顔」に入れるチークの法則

笑顔

人はにっこり笑顔になると、頬がここまで上がるもの。この状態で、頬骨のいちばん高いところにブラシを置いてチークを入れると表情とリンクします。

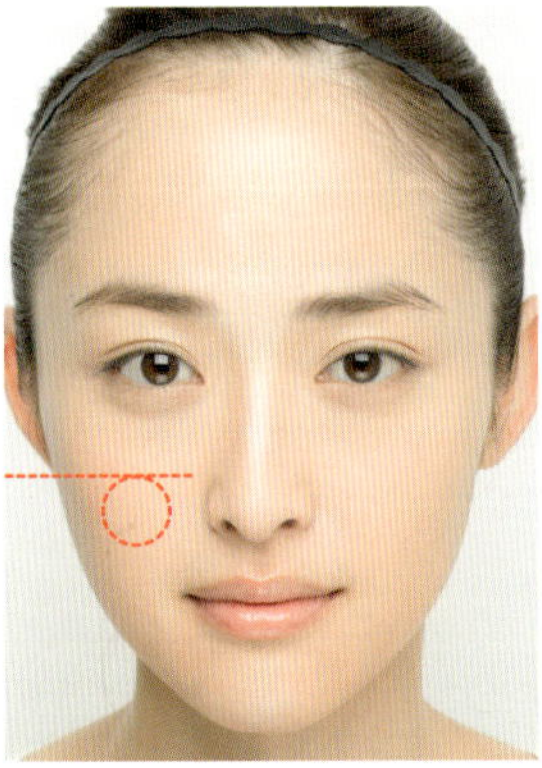

すまし顔

人は無表情だと、頬の位置も少し下がりぎみ。このままチークを入れると、顔の重心も下がって見えて、実年齢より老け顔に見られることも……。

実践

生命力あふれる立体チーク

ここまでの法則に従って、実際にチークを入れてみましょう。ここではパウダーチークですが、練りチークでも入れどころは同じ。二つのポイントに気をつけながら、順番どおりにブラシを動かして。

頬の頂点から勾玉《まがたま》を描く

チークをブラシに含ませたら、手の甲で充分に色をなじませてから肌へ。笑顔をつくり、顔を正面で見たときに頬骨が高くなるところへ、ブラシを寝かせます。次に筋肉の流れにそって勾玉状に、まずこめかみの方向へひと払い、ブラシを返し、戻すようにもうひと払いします。これを左右何度かくり返しましょう。

小鼻のわきと口の距離を2等分した線から、チークが下がらないように。

離れた位置からチェック

メイク時は案外近くでしか自分の顔を見ないもの。メイク後は必ず最低30cmは鏡を離して、色の濃度や左右のチークの高さなどを、遠目でチェックして。

側面は指2本分あける

顔は目尻のあたりから、急激なカーブを描く立体構造。本来は血色感のない側面までチークが入ると、不自然な印象に。生え際から指2本分手前でブラシを折り返します。

メイクアップ編

Eyes

目元

だれでも印象が 2倍強くなる アイメイク

まなざしは、意志

まなざしには、その人の意志や知性の片鱗があらわれます。けれど、ただ目を大きく見せようとするだけで伝わるのでしょうか？

意志あるまなざしをつくるには、目というパーツの陰影や立体感を活かす、メイクのポイントがあるからです。

そこで、ここでは最強の目元をつくる3つのアイテムを検証。意志が、知性が2倍強まるアイメイクで、印象的なまなざしへ。

大きければいい、わけじゃない 目力の正体は「瞳」だった

「目を大きく見せたい」。これは女性の永遠の願望といってもいいかもしれません。では、なぜ大きく見せたいのでしょう？　その答えは、目というパーツがもつ意味にあるのです。

瞳は、顔のなかで唯一、メイクができないところ。直接飾りにくく、手を加えられないからこそ、人は「瞳には〝本当の気持ち〟があらわれる」と、無意識のうちに認識しています。つまり瞳の印象は、そのままその人の気持ちのあらわれとなって、見る人に伝わるのです。

瞳に求心力があれば、相手の印象に、自分を強く刻みつけられる。そんな威力をもつ瞳こそ、目力の正体だったのです。

瞳は、眼球の中にあります。目元は、この眼球を囲むようにつくられているので、構造を上手に活かせば、自然に瞳を強調できるのです。まずはその目元の凹凸を知るところから、瞳くっきりアイメイクを始めましょう。

はじめに目元の構造、凹凸を確認！

目元の構造といっても難しいものではありません。目をよく見るとわずかながら凹凸ができています。これを際立たせることがアイメイクの最大のポイントです。

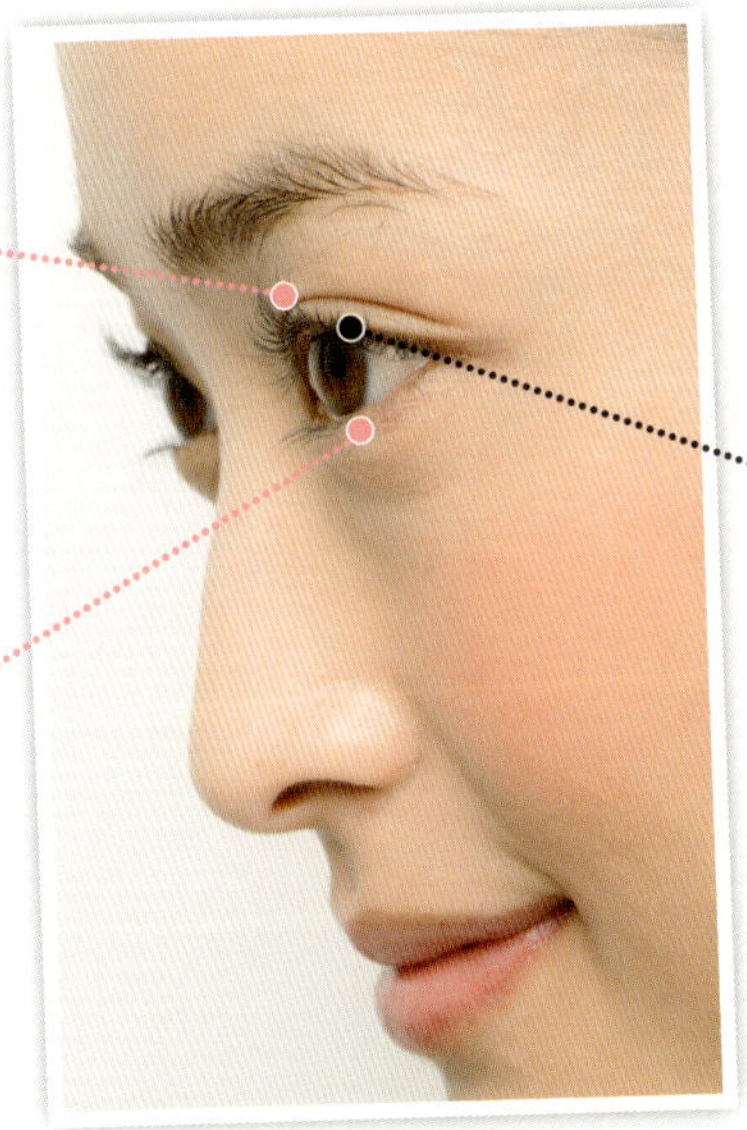

凸
まぶたの中央は眼球が盛り上がって光を受けやすいところです。

凹
まつ毛の根元は、瞳にもっとも近い、奥まった箇所です。

凸
涙袋のふくらみは横から見ると立体的なパーツ。

強いまなざしをつくる アイメイク「三種の神器」

目元は瞳を引き立てる舞台 アイテムごとに大事な役割がある

目元というのは、瞳という主役を中心とした舞台。つまりアイメイクというのは、舞台の演出をするようなものなのです。

その主役を引き立てる演出方法としては、まずアイシャドウで目元の陰影を強調し、立体感をつくります。また、アイシャドウは色や質感で表情を変える役割もあります。色のもつイメージを利用した表現や、質感の違いでも印象は変わります。

そして、瞳にいちばん近い場所で、瞳が大きくボリュームアップして見えるよう、際立たせるのがアイライン。黒目と目のフレームがつながることで、くっきりとした印象を演出します。

さらに、マスカラでまつ毛の1本1本が存在感を増し、上下左右の方向にぐっと広がることで、目全体が大きくワイドに見えます。

いつも何気なく使っているアイテムですがそれぞれ必ず意味があります。これらの役割を知っていれば「どう見せたいか」という目的にあったアイテム使いもできるようになるのです。

まずは、そんなアイメイク三種の神器それぞれの力がどれくらいのものなのか、単品で仕上げたときの目元の印象を左の写真で比べてみましょう。

1

奥行き感をつくる アイシャドウ

アイシャドウは、瞳の奥行き感を強調する役割があります。そのためには光と影の明暗バランスがカギに。キレイなグラデーションをつくることで、まつ毛や瞳の黒が引き立ちます。

アイシャドウのみ

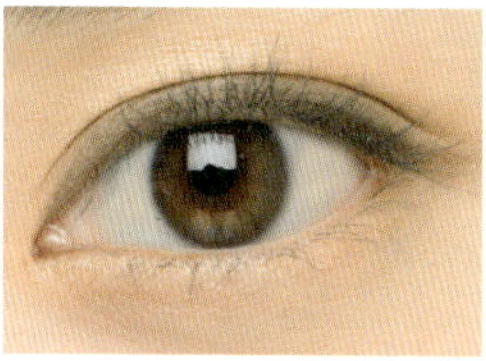

自然な濃淡で 目元全体の立体感が

ブラウン系ナチュラルカラーだけでも、自然な奥行き感が。まぶたの輝きが凸感を際立たせ、影の色みが骨格の彫りを強調します。

2

強さを与える アイライン

アイラインの役割は、まつ毛1本1本の根元を埋め、凛とした強さを出すこと。まつ毛がみっちり生えているように見え、瞳の大きさがボリュームアップします。

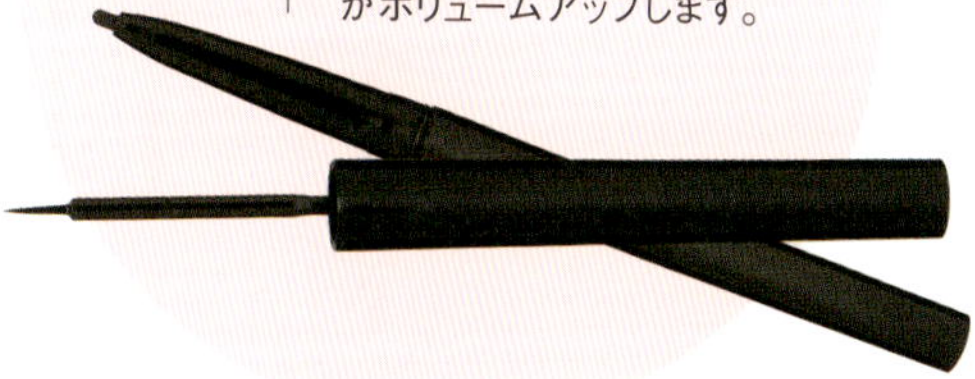

アイラインのみ

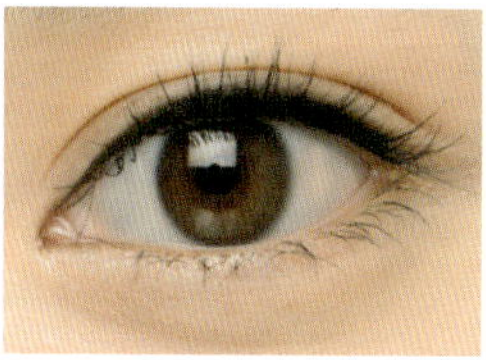

キワの肌色を消すと 黒目が際立つ

まつ毛の根元は、通常肌色が見えるもの。これが黒で埋まると、瞳が大きく黒目がちに見えます。

3

目をワイドに拡大する マスカラ

マスカラの役割は、まつ毛を太く長くし、目のサイズを放射状に広げて見せること。人から見れば、まつ毛の先端までを目と認識しているのです。

マスカラのみ

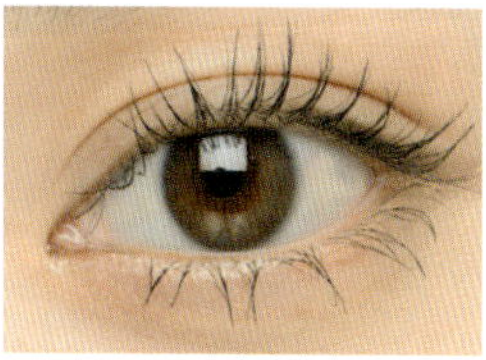

まつ毛をのばすと 目のサイズが大きく

上下左右にまつ毛が長くのびると、人から見たときの、目全体のサイズが拡大。まつ毛の存在感が出ると瞳に注目を集める効果が。

メイクアップ編
アイシャドウ
1

アイカラーパレットで光から影への奥行きをつくる

陰影をつくり、瞳を引き立たせるアイシャドウ

ここからは、実際に三種の神器一つひとつのステップを、順を追って進めましょう。

一つめの神器は、アイシャドウ。数色を使ってグラデーションをつくるには一定の法則がありますが、一度つけ方をなぞってしまえば、あとは簡単です。

最初は、だれもが失敗しにくい、定番の濃淡ブラウン系パレットを攻略。じつはアイシャドウにはそれぞれ、光と影の役割を担うものがあるのです。一重、二重など、どんな目の人でも、同じ法則で奥行きがつくれます。

基本のブラウン系パレットの構成

光
ハイライト
最近のパレットにはセットされている確率が高い、ホワイト系クリアカラー。光を集め、立体感を強調する効果があります。

光
ツヤ
淡く明るめのベージュカラーに代表される、繊細パール入りの光沢カラー。アイホールと呼ばれるまぶたの丸みに入れます。

影
中間色
ツヤと締め色の中間のミディアムブラウン。パレットによってマット系、パール系があります。

影
締め色
引き締め効果の高い濃色ダークブラウンは上まぶたのキワに。細くライン状に入れる、目尻側だけ太めに、など入れ方はさまざま。

どんな色でも応用できる!

基本グラデーション早わかり図

グラデーションづくりに必要な色の種類を把握したら、いざ実践!　点線の指示にあわせて入れるだけで、だれでも即、立体感の達人に。自分のまぶたと照らしあわせて、わからなくなったときは、目を開けて見え方を確認しながら少量ずつ色を足してみて。

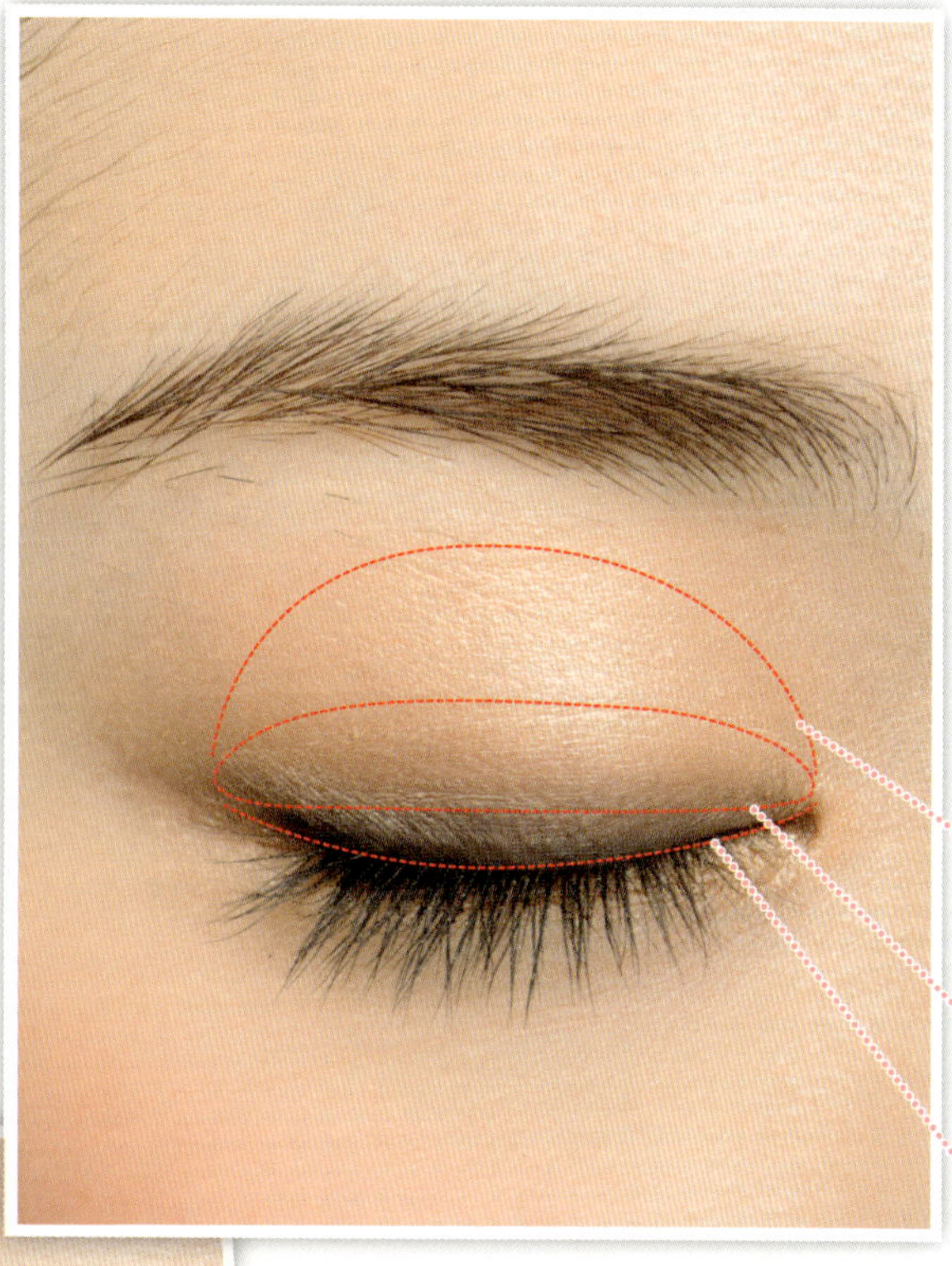

キワは濃い影、まぶたは光で立体感を出す

これが、アイカラーグラデーションの基本完成図です。

“見え方”は、必ず鏡で最終チェック!

仕上がったら、目を開けたときの色の見え方を確認しましょう。

How to

アイシャドウ 1

付属お道具を効果的に使った簡単ナチュラルグラデ

ツールをうまく使えばキレイは簡単

アイカラーパレットを開いてみると、たいていは大小チップやミニブラシなど、付属のツールがいっしょにセットされていますね。これらの道具を効果的に使えていますか?

たとえばミニブラシ。美しいグラデーションをつくるには、ブラシの先端を垂直にまぶたにあてて色を横に入れます。次にその色をブラシの側面を使って縦にぼかします。このようにブラシを2段階で使うことでキレイなグラデーションが実現。一重でも二重でも、簡単にキレイな目元をつくるには、道具の使い方こそがポイントなのです。

基本のお道具をいま一度チェック!

チップ大

面を使えば広いアイホールに、先端なら下まぶたのキワなどにも楽々フィット。

and more

アイライナーが入っているときは専用の短毛ブラシがあることも。

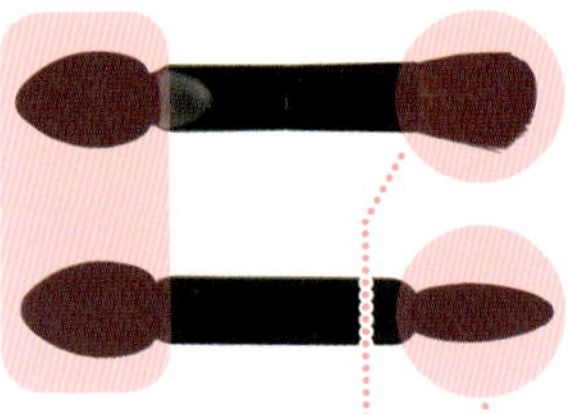

ミニブラシ

ふわりとぼかしを入れる、境目をなじませるなど、ニュアンス演出の名手。

チップ小

まぶたのキワなど繊細なラインが必要なときは、このチップが活躍。

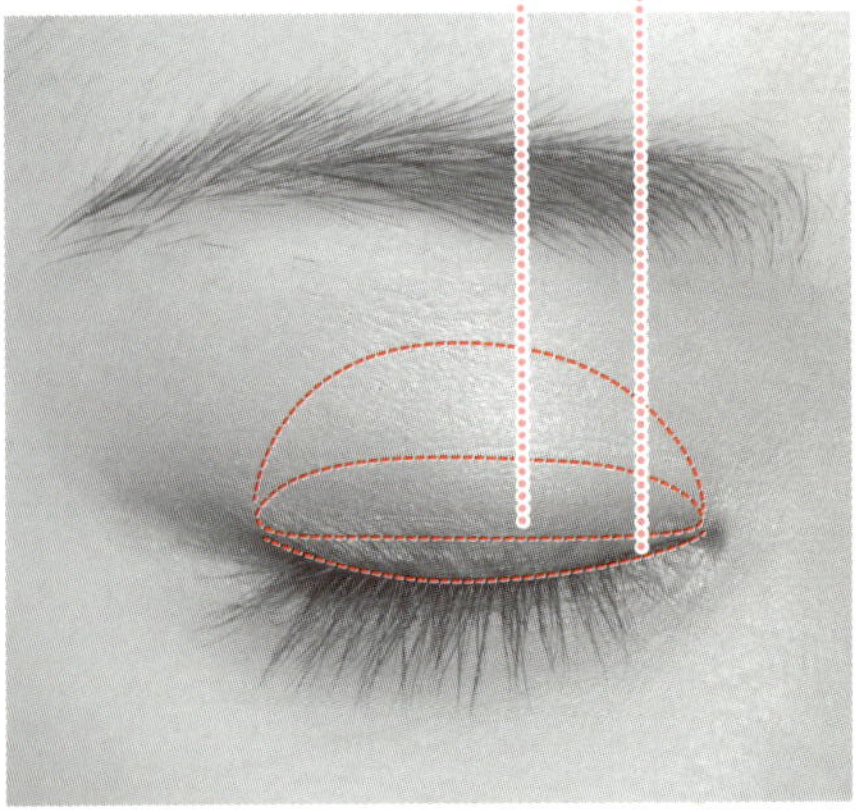

実践

5ステップでメリハリブラウンアイ

Step 1

淡いツヤをまぶたのベースに

アイホールにそって、チップ大の面、または薬指の腹で、パールベージュのツヤをのせます。最初にこうすると、あとで入れる色が転がりやすくなります。

Step 2

キワに締め色ラインをオン

チップ小の先端に締め色のダークブラウンを取り、上まぶたのキワへ細くラインを引きます。まつ毛の根元にそわせるように入れます。

Step 3
1
横に入れる

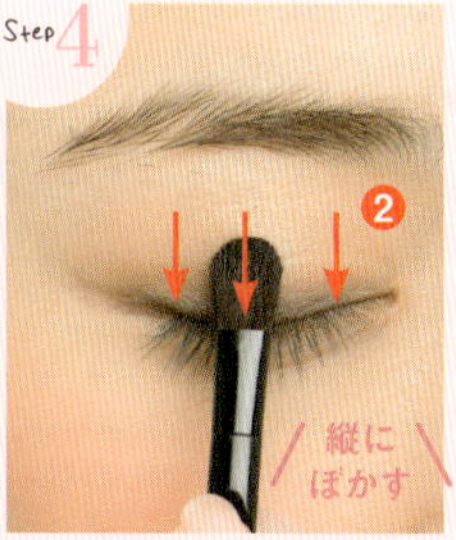
Step 4
2
縦にぼかす

ここが重要！

中間色を入れる

❶まずブラシの先端をまぶたに垂直にあて、中間色のミディアムブラウンを入れ、❷次に、ブラシの側面を使い、縦に色の境目をなじませて。

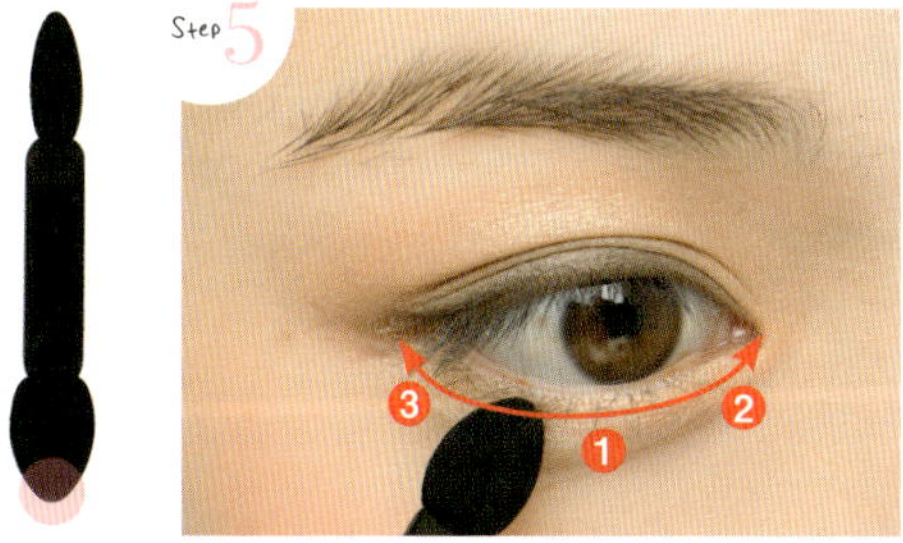
Step 5
3
2
1

涙袋をツヤでライトアップ

パールベージュのツヤで、最後に下から瞳を照らします。未使用のチップ大の先端に色を取り、下まぶたの涙袋の❶瞳の下からスタートし、❷目頭→❶瞳の下→❸目尻へまつ毛のキワにそわせて往復させます。

メイクアップ編

アイライン 2

引き締めアイラインで瞳の存在感が強く輝く

瞳をボリュームアップさせるアイライン

アイシャドウの次のステップは、まなざしを若々しく印象的に見せる、アイラインです。

瞳にもっとも近い場所にある上まつ毛の根元。ここが黒々と埋まっていれば、パッと見たときに瞳の大きさが増して見えるのです。

アイラインを入れて黒目と目のフレームがつながったことで、自然でありつつくっきりとした瞳に。それに加えてまつ毛が密集して生えているようにも見えます。

では、メイクの詳細に移る前に、まずはアイライナーのタイプをチェックしましょう。

アイラインのあるなしで瞳の印象は変わる

Before

すっぴんでいる分にはやさしく見えるまつ毛の根元の素肌感も、メイク時には弱く見えてしまうもの。

After

チェックすべきは、このくっきりとした瞳のインパクト! まつ毛の根元の肌色が埋まることで瞳の大きさがより引き立っています。

入れ方はP74へ

どう使い分ける?

アイライナー徹底比較

	メリット	デメリット
リキッドタイプ 	筆ペン型、細筆型、フェルトペン型など、筆先の種類も多様で、ツヤのある漆黒の発色が特徴。一度ラインがフィックスすると、落ちにくいのもメリット。	くっきりと発色する性質上、ラインのブレなどは修整しにくいのが難点。ラインの太さや細さの描き分けも、ある程度のテクニックが必要。
 ジェルタイプ	乾いてフィックスしたあとの落ちにくさはトップクラス。ペンシル型のほか、専用ブラシを使って描くポットタイプが定番でカラー展開も相当数あり。	リキッドよりはライン修整しやすいものの、揮発性速乾タイプの増加によって、簡単にオフしにくい。時間とともに、本体のジェルがかたくなりがち。
ペンシルタイプ 	持つときの安定感は抜群で、ラインの引きやすさではNo.1。ブランドごとに芯のかたさや太さも違うので、肌あたりやラインの太さの好みで選べる。	ウォータープルーフ(WP)以外は、描いたラインを綿棒などで定着させないと色落ちしやすい。芯先が丸くなりやすく、こまめにととのえる必要も。
パウダータイプ 	重ねることで黒色の深みの調整がしやすい。水溶きできるものだと、密着性も高くなり、パウダーを重ねてアイシャドウっぽく仕上げることも可。	パウダーの性質上、水なし使用のプレストタイプだと粉飛びしやすいのが難点。引いたあとも、軽く綿棒などでおさえて密着性を高める必要あり。

How to

アイライン

2

目力のみなもととなる 隠しライン＆魅せラインの引き方

２段階に分ければ描きやすくて効果も２倍

それではいよいよ、まなざしを激変させる、アイラインの入れ方へ進みましょう。ここで紹介するのは2ステップで仕上げる、全まぶた共通の最強テクニックです。

もともと目のキワの強さは、第一印象で人の視線をひきつける、重要な要素の一つ。素のままでは、まつ毛の量も濃さも人それぞれで、目のキワの強さも個人差があります。

そこで、まずまつ毛の根元のすき間を埋め、魅せラインでととのえる、という2ステップでこの差を調整していきます。

印象激変の効力に、きっと驚くはずですよ。

はじめに、まつ毛の生え方をチェック！

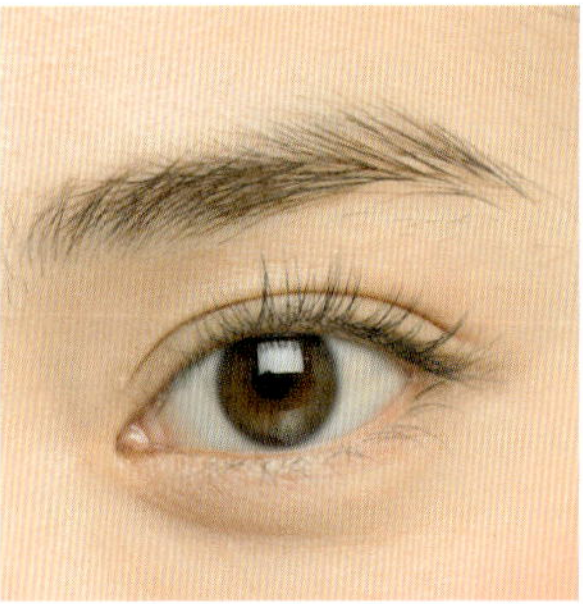

毛はどこに密集？

まつ毛の生え方を見ると目尻側に密集しているのがわかります。アイラインの入れ方も、まつ毛の生え方と同様に入れることで、メイク感が出ず自然に。

実際の「隠しライン」は、まぶたにベースアイシャドウをのばしたあとに入れます。P71のStep1のあとにP75のStep 1～2を組み込んでくださいね。

「魅せライン」はアイシャドウを塗ったあとに入れましょう

Step 1

ペンシルアイライナーで

隠しラインを仕込む

はじめは、まつ毛の根元の肌色を埋める隠しラインから。埋めにくければ、まぶたを指で引き上げながら描いてみて。

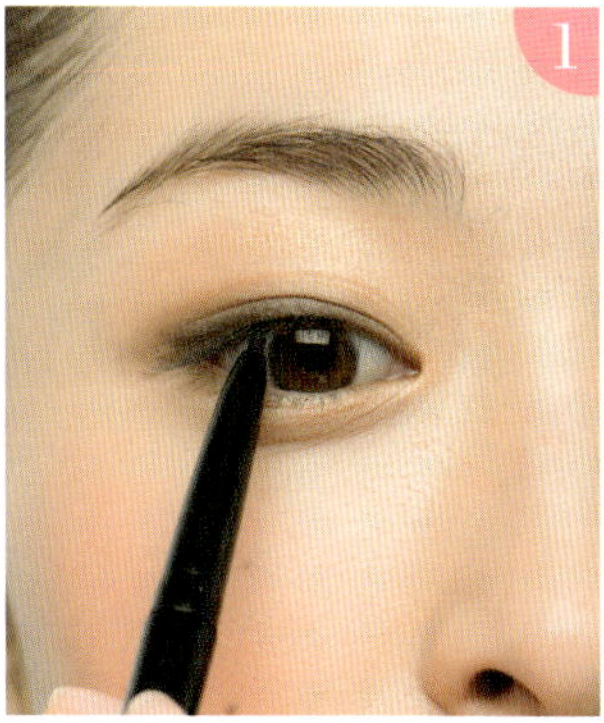

まつげの根元を埋める

まつ毛の根元をよく見ると、等間隔で肌色の地肌が。ここに下からペンシルをあてて肌色を消していきます。

はみ出しをオフ

まつ毛は目尻側ほど密集して生えています。そのバランスにあわせて目尻ほど太めに線を引いて。はみ出しは綿棒でオフ。

隠しラインの完成!

このあと目尻にラインを重ねるので、根元がキレイに埋まっていればOK。

Step2へ

やりがち NG!

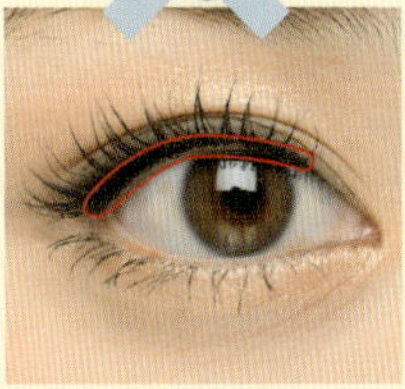

キワに余白が!

根元に、埋めきれなかった肌色の素肌がちらり。これでは間が抜けた印象に。

Step 2

リキッドアイライナーで

魅せラインで黒密度を上げる

二度目のラインはくっきり感が美しいリキッドで。ペンシルとのダブルフレーム効果で、黒密度の高い黒目がちな瞳に!

目尻より5～7㎜長めに

魅せラインは目尻側半分のみ。黒目上のキワに筆先をあてて引きます。目尻より5～7㎜長めがポイントです。

One Point

5㎜はこれくらい!

目尻から三角に折り返し

長く引いたラインの終点から目尻の最先端へ。くの字に筆先を折り返すように細い線でつなげ、三角部を塗りつぶします。

乾く前に軽くぼかす

リキッドラインが完全に乾ききる前に、綿棒でラインを軽くなぞります。これでリキッドの線のかたさが抜けてナチュラルに。

強く、凛々しく、意志のある

W《ダブル》アイラインが完成!

隠しラインで、まつ毛のあいだが埋まっていることで、魅せラインもキレイに仕上がります。

目を開けても

目を閉じても

教えて! 尾花さん

Q もっと目に奥行き感がほしいときは?

A 下まぶたにもシャドウをオン!

デイリーに使える基本のアイラインにプラスワン。下まぶたのキワ、目尻から1/3に、締め色のアイシャドウで影色を。カーブが強い目尻だけに囲み目のように入れることで、目がよりいっそうアーモンド形の理想形に近づいて、視線集中度もさらにアップ間違いなしですよ。

メイクアップ編

マスカラ 3

まつ毛が美しく広がれば そのまま目の大きさになる

目全体を大きくワイドに見せるマスカラ

アイメイクの最終章、マスカラの役割は、まつ毛を太く長くし、目を大きく上下左右に広げること。まつ毛が広がった分だけ、目のサイズは大きく見えます。また、まつ毛1本1本の存在感が増すと、瞳がより引き立つのです。

しかし実際は、マスカラを無意識につけている女性がとても多いように思います。それだけに、マスカラを効果的に使えば、より大きな目に見せることができるのです。まずはマスカラの特性と特徴を理解するところから始めましょう。

まずマスカラの基礎知識を確認

光井さん

1

ウォーターレジスタンス

ワックスやファイバーを原料につくられる耐水タイプ。一般的なマスカラより、汗や水に落ちにくい仕様です。

フィルムタイプ

ウォーターレジスタンスのタイプの一つ。やわらかい樹脂でつくられる薄膜コーティング効果が人気です。お湯でふくらんでスルリとオフできるのに、皮脂には溶けずパンダ目知らず。

2

ウォータープルーフ

酸化鉄や、かためのワックス系皮膜がもとになった防水タイプ。塗ると揮発して密着し、汗や皮脂にも強いのが特徴だが、専用のリムーバーが必要です。原料的にカールキープ力も高め。

選ぶときは目的別に

タイプ別マスカラ徹底比較

高橋さん

マスカラは、マスカラ液とブラシ形状のマッチングで力量が決まります。まずは、下の表のまつ毛のタイプから効果を選んでみましょう。

まつ毛とマスカラの相性をチェック

ロングラッシュ

短いまつ毛のベストオブベスト

太さや量感より、まつ毛を長くのばす機能が。ほとんどがファイバー（繊維）入りで、繊維がまつ毛にからむことで長さを出すというしくみ。

量	少ない～多い
太さ	太い～細い
長さ	普通～短い

カールアップ

すだれまつ毛必携のカール力

まつ毛を根元から上向かせ、カール効果を長持ちさせる技ありマスカラ。カールが垂れるのを防ぐマスカラ液なので、つけ心地も比較的軽やか。

量	普通～少ない
太さ	普通～細い
長さ	長い～短い

ボリュームアップ

細薄まつ毛をふさっと救済

まつ毛1本1本を濃く、太くコートする機能に秀でたタイプ。マスカラ液に厚みがあり、量感たっぷりのインパクトあるまなざしに。

量	普通～少ない
太さ	普通～細い
長さ	長い～短い

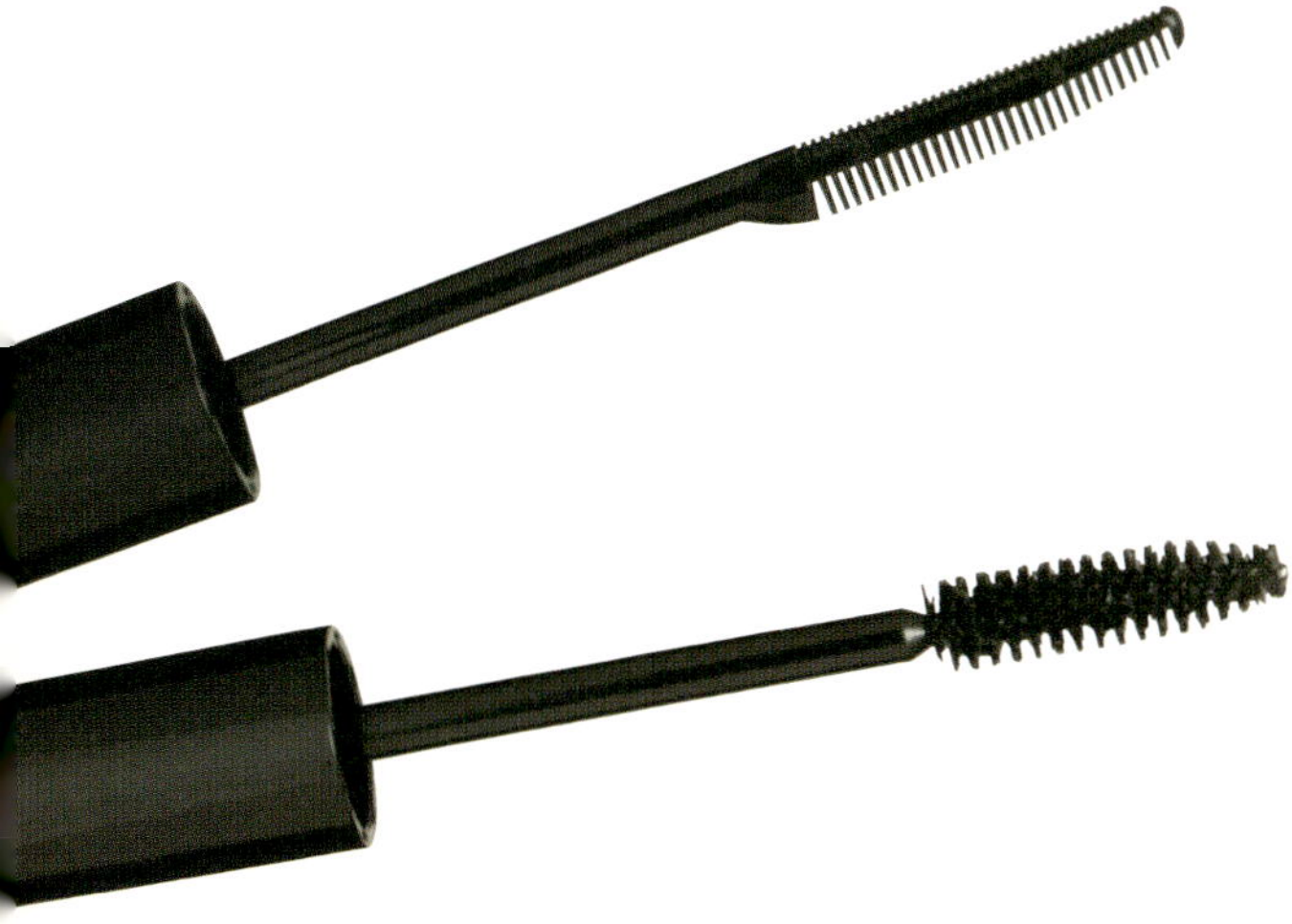

それぞれの特徴を把握していれば、組み合わせて使うこともできて、理想のまつ毛に近づけます

How to

マスカラ

3

決め手は根元と方向性 360度拡大まつ毛のつくり方

まつ毛の美しい広がりは根元の仕込みから生まれる

理想のまつ毛の広がりは、どのようにつくっていけばよいのでしょう？ ポイントは、自然に生えているまつ毛を、瞳を中心とした360度の方向にそれぞれ広げるよう、意識的に方向づけていくこと。

人は、まつ毛の先端までを「目」と認識しています。だから、ピンと張ったまつ毛を、1本1本ていねいに遠くまでのばせば、目全体のサイズがその分大きく見えるのです。

その手始めに、まずはビューラーで、まつ毛を根元から方向づけていきましょう。

瞳を中心に、全方位に広げる

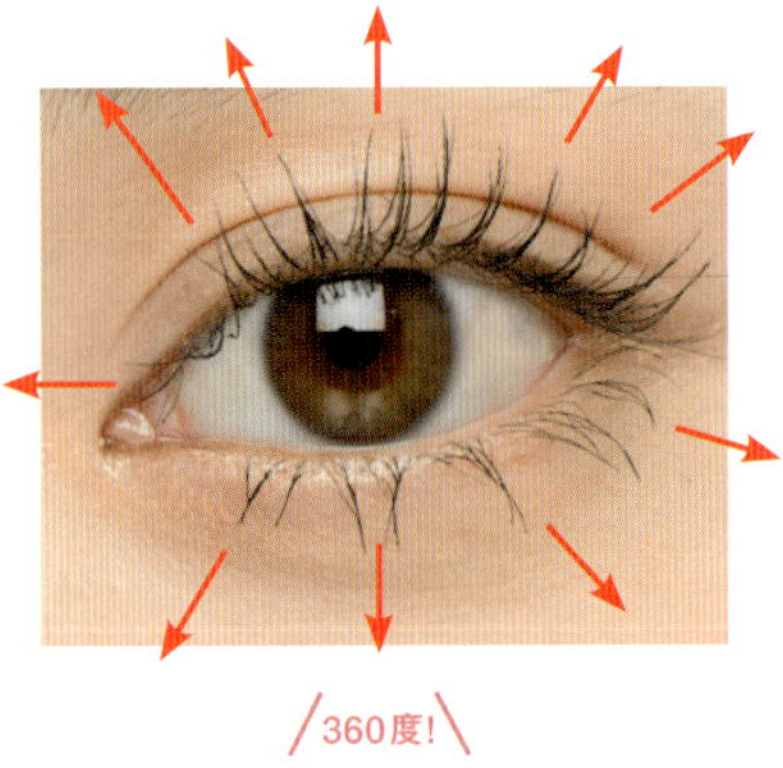

360度!

瞳を中心にしたラインが多数生まれると目が広がって大きく見えます。360度、全方位にまつ毛を広げる意識で、ビューラー、マスカラの順に使いましょう。

まつ毛の根元は、ビューラーでしか立ち上げることができません。マスカラは、根元こそ命です!

Step 1

ビューラーで

3分割の法則でカールづけ

ビューラーのポイントは、根元から3回に分け、やさしく形づけること。また、自分のまぶたのカールにあったビューラーを選ぶのも大切です。もし、まつ毛がうまく上がらないときは、ゴムのかえどきかもしれません。

1

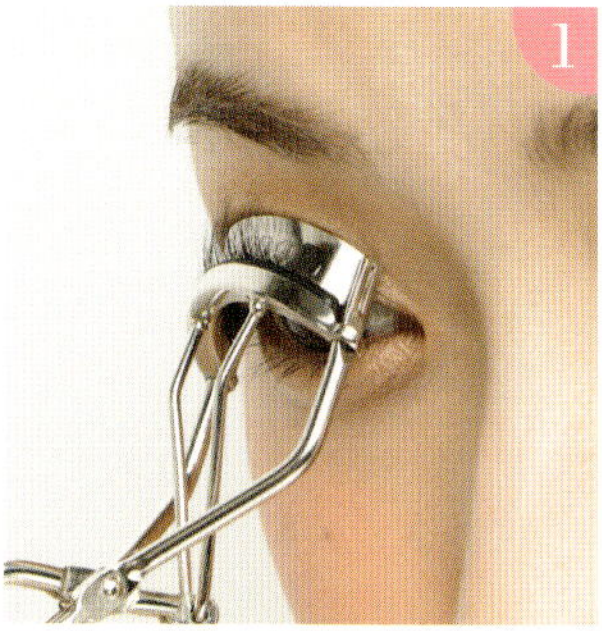

まず根元から

ビューラーはまつ毛の根元にあて、3～4回軽く握って形づけ。ひと握りごとに位置を少しずつずらすのがコツです。

2

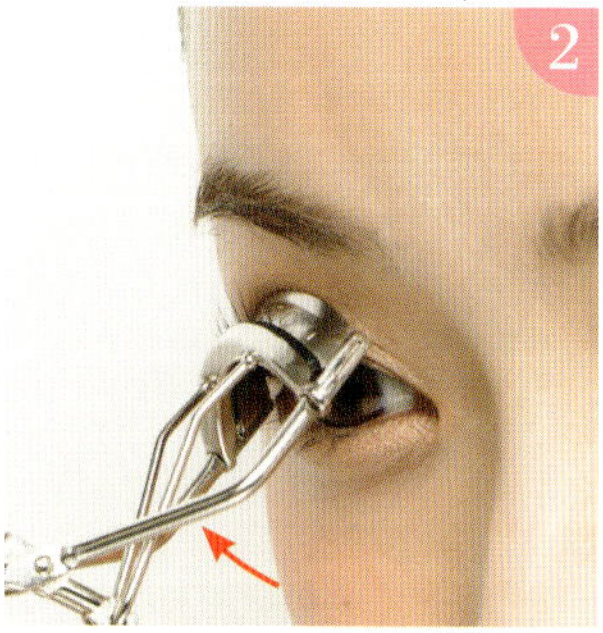

次に中間へ

1同様、今度はまつ毛の中央から、少しずつ位置をずらしながらカールアップ。握り手ごと持ち上げながら上向きに形づけていきます。

3

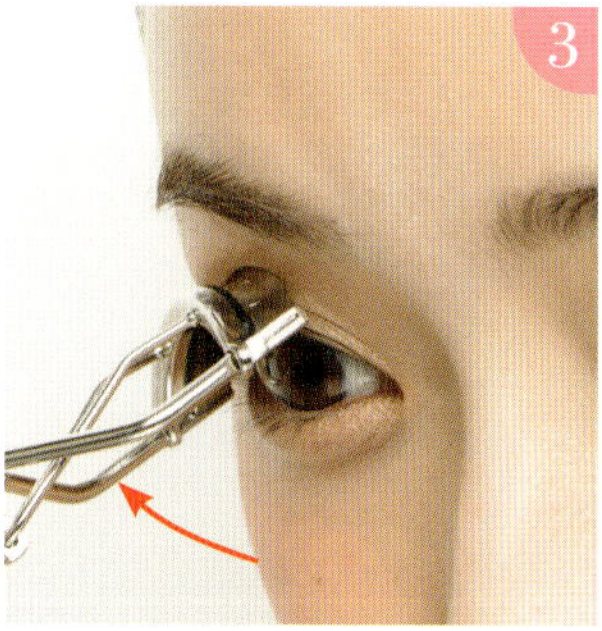

毛先までていねいに

意外に忘れがちなのがまつ毛の毛先。毛質も細く繊細なところなので、1、2以上にやさしくグリップを握りましょう。

Step2 マスカラへ

ビューラーありなしで差はこんなにも！

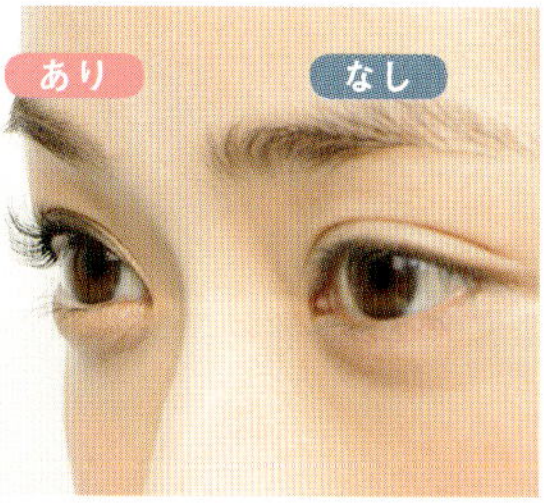

奥の右目は、ビューラーを使って仕上げた目元。横から見るとよくわかりますが、まつ毛で瞳が隠れないのはもちろん、若々しく見えて目の存在感も増します。

Step 2

マスカラで

広げて開く、全方位まつ毛の作法

アイメイク最終章ステップ2は、仕上げのマスカラテクの極意。ここではボリュームからロングラッシュタイプまで、あらゆるマスカラに使える汎用性の高いテクニックを集約しました。全方位的、魅惑のまつ毛を完成させて。

液だまりをオフ

マスカラはいきなりまつ毛につけるとダマづきしがち。とくにブラシ先端にはマスカラ液がたまりやすいので、最初にティッシュオフを。

まずは目の中央から

最初にマスカラをつけるのは、上まつ毛の中央部。根元に深くブラシをおし入れて、軽く左右に揺らしながら、毛先まで引き抜いて。

次に目頭

目頭のまつ毛は、ブラシを立てぎみに根元へ入れて、眉間の方向へ引き抜きます。

最後に目尻

目尻のまつ毛は、こめかみの方向に行くようにななめにブラシをあて、まつ毛をぐっとおし上げます。

5 根元にはもう一度

根元にはさらにブラシの先端でマスカラを重ねづけていきます。ブラシを縦に使って、1本1本ていねいに。

6 下まつ毛は毛先から

下まつ毛の根元には浮きグセがあるもの。下方向へ広げるために、まず毛先のみにマスカラをつけ、重みとボリュームを出します。

7 根元から毛束を開く

続いて下まつ毛の根元から、まつ毛を放射状に開いていきます。キワ近くにブラシをのせて、中央から目頭、目尻の順番に。

8 下まつ毛の仕上げ

ここでブラシを縦に持ちかえ、下まつ毛を最終調整。目尻側や目頭側などは、ブラシを縦に使って1本1本引き出すようにのばします。

もしダマになったら…

もし途中でくっついたり、ダマができたりしたときは、乾く前にコームでその都度とかしましょう。

完成!

アイメイクの全工程が終了。抜け感と立体感、締めと広がり、すべてのバランスがとれた理想のナチュラルアイに!

やりがち NG!

毛先だけについているとこんなにバサバサに!

ボリュームのことしか考えていないと、こんなふうに毛先がダマづきの状態に……。

メイクアップ編

Eyebrow

眉

流行に
左右されない
永久不変の
眉ルール

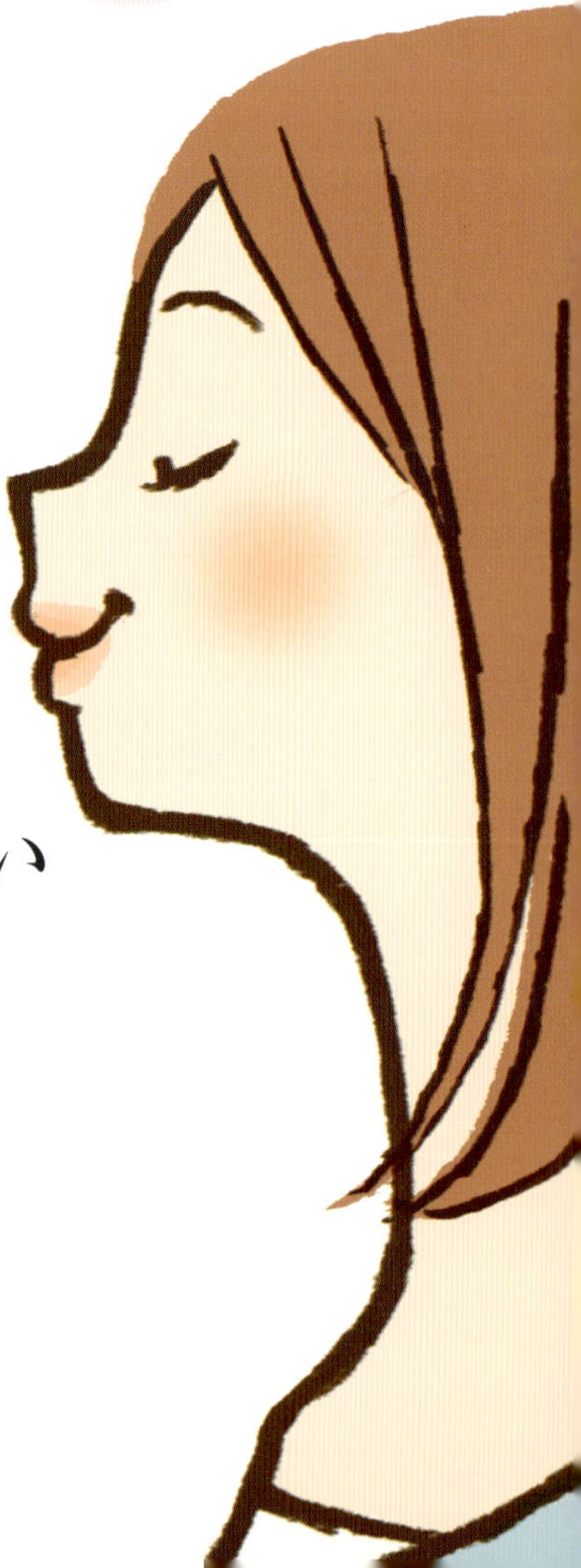

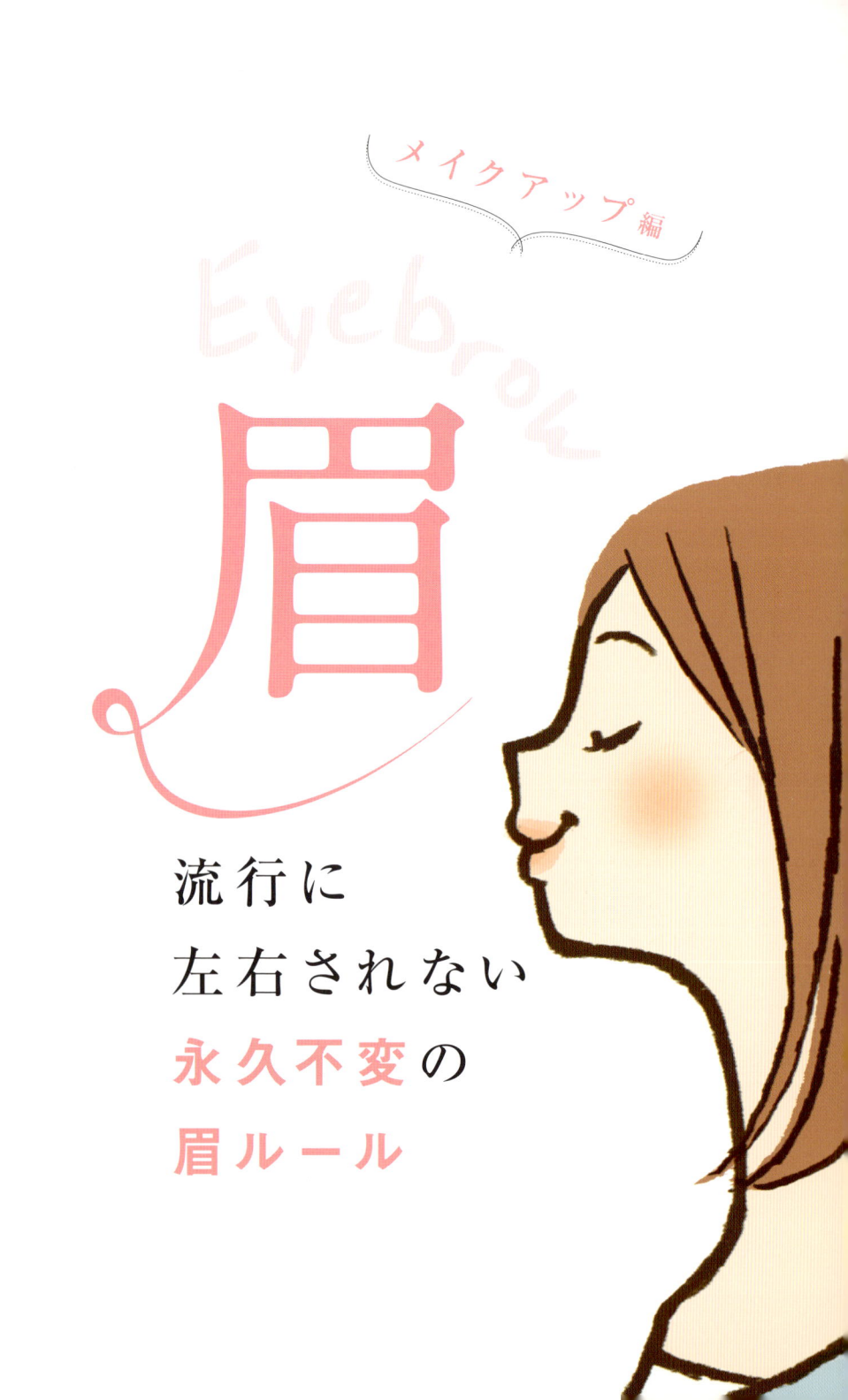

眉とは、センス

映画などを観ていると、女優さんが一人の人物の一生を演じる場合、若いころを演じるときは太くて濃い眉、年をとるにつれ細くて薄い眉、とメイクを変えていることがわかります。

　また、男性も同様に、役づくりのために調整するのは眉。眉とはその人のキャラクターをつくるための重要なパーツなのです。

　私自身、眉がコンプレックスだったこともあり、いろいろな眉メイクにトライしてきました。そしてたどり着いた結論は、最大限地毛を活かした眉がいちばん自然で美しい、ということ。

　つくりこんだ美しさは、やはりどこか不自然です。でも、素を活かした眉は、年齢を重ねても、時代が変わろうとも、普遍的な美しさをもつのです。

　眉尻の長さを数ミリ変えただけでも顔の印象は変わります。眉メイクには顔全体のバランスをはかるセンスが必要。そのための基本を、これからご紹介していきます。

メイクアップ編

アイブロウ

なぜ、眉にこだわるべきなのか？

眉は、顔のなかで唯一、自分で造形を変えられるパーツ。そして、顔の正面から側面にまでわたっているため、顔の奥行き感を決める重要なパーツでもあります。こだわらないわけにはいきません。

　確かに眉はいじりがいがあります。でも最近、眉をいじりすぎている人があまりに多いのです。

　いじるのは現状に満足していない証拠。自分の顔立ちにあった眉を描けていないからだと思います。切ったり抜いたりをくり返す前に、いま一度、自分の眉を客観的に見てみましょう。

　時代によって眉の太さに翻弄されてきた人もいるかもしれません。でも、太眉が流行ったときも、細眉が流行ったときも、じつは眉で見せるべき本質は何一つ変わっていないのです。

眉には「小顔効果」がある

顔の奥行きは 眉山の位置で決まる

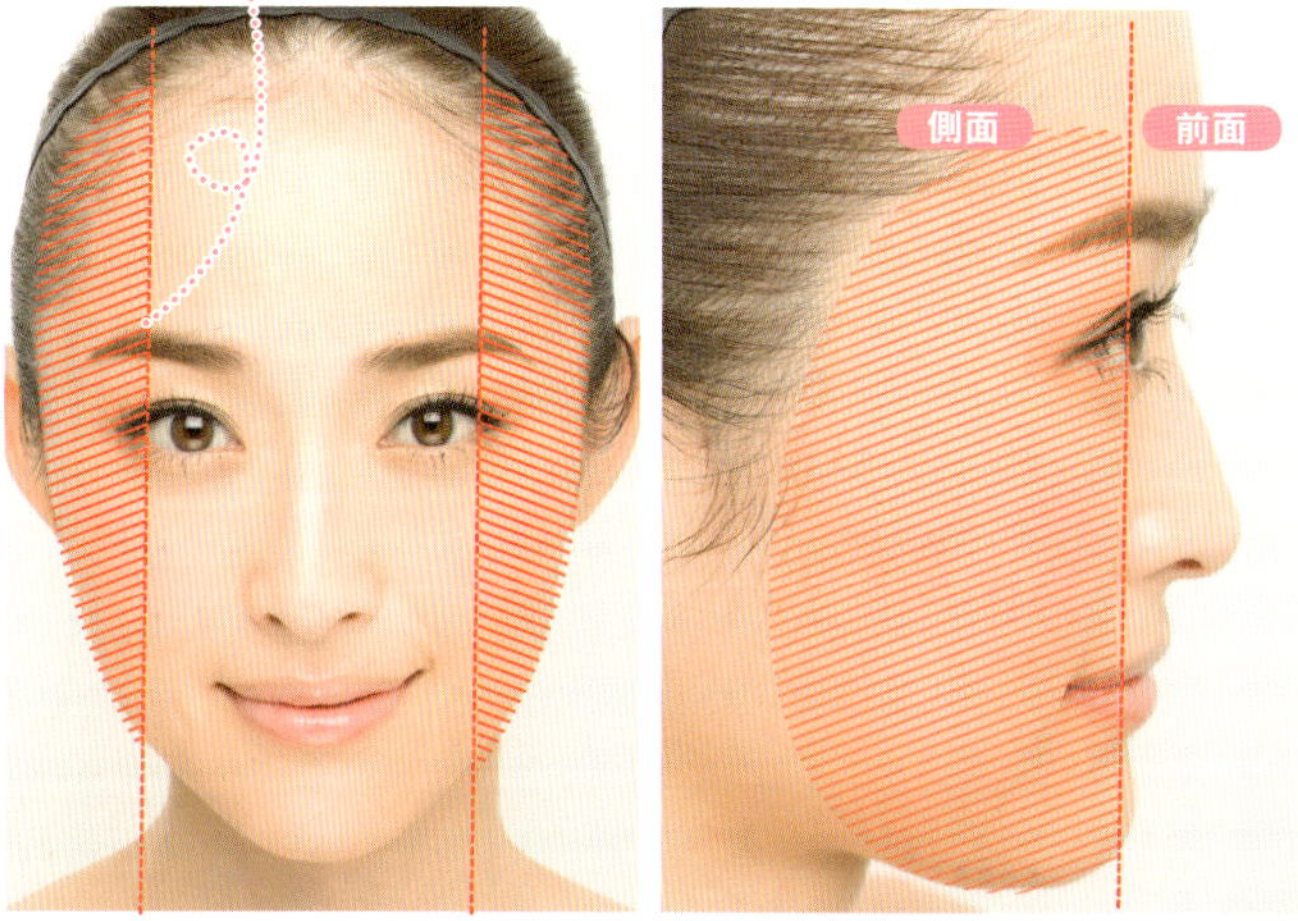

眉に小顔効果があるのは、なぜか？　それは、眉山から顔のカーブが始まり、そこから顔の奥行きが生まれるからです。上の写真の斜線部分が奥行き。この部分はパッと見の顔の大きさに認識されにくいのです。

やりがち NG！ その眉が顔を大きく見せている

眉山が外側すぎ
眉が長すぎ

顔の奥行きが感じられなくなり、横広がりな印象が顔を大きく見せて古い印象になります。

眉が薄すぎ
眉が細すぎ

顔の額縁である眉の存在感が薄く、フレームのない顔はぼんやり大きくそして老けて見えます。

眉が短すぎ
眉がまっすぐすぎ

眉にカーブがないと奥行きが生まれないので、顔がフラットで子どもっぽく見えます。

メイクアップ編

アイブロウ

いつの時代も「美眉」の定義は骨格にあった形であること

眉を骨格にあわせると顔のバランスがととのう

眉の形は人それぞれ違って、個性があります。でも、美しい眉の定義は万人に共通しています。それは、自分の骨格にあっていること。この定義にそって描けば、顔立ちにあった最高に美しい眉に仕上がるのです。

骨のまわりには筋肉があります。想像してみると、表情を動かしても筋肉の動きとあわない眉は、不自然ですよね。つまり骨格とズレていると、眉はキレイに見えないのです。

骨格にそって描かれた眉は、ほかのパーツとのバランスも自然にととのってきます。骨格を意識することが、美眉への道しるべです。

× 間違いだらけの眉いじり

抜きすぎ

毛を抜くと、地眉のフォルムがくずれてしまうので、眉は極力抜かないようにしましょう。とくに眉上の毛は抜かない、剃らないが基本。生えなくなって後悔する前にストップを。

明るすぎ

髪色と眉色があっていない人が案外多い様子。髪色より少し明るいくらいの眉色ならOKですが、あまりに明るすぎると眉のフレーム効果が弱まるので注意しましょう。

短すぎ

毛を短く刈り込んでしまうと、生まれもった眉の立体感が台なしです。毛が短いとすき間が目につくので、隠そうとして色で埋めると、ペタッとした海苔のような眉になってしまいます。

いままでいろいろ
いじってきた人も
あきらめずに
まずは生やしましょう!

眉のゴールデンバランス 5つのチェックポイント

check 1 眉頭の間隔

両眉頭の間隔は、小鼻の幅と同じくらいに。狭いと寄り目に、広いと目が離れて見えます。

check 2 眉山の幅

眉山は「点」ではなく、1cmくらい幅をもたせます。点にすると鋭すぎて、きつい印象に。

check 3 眉山の位置

骨格にそって山をみつけるのが基本。黒目の外側から目尻のあいだを目安にします。

check 4 眉尻の高さ

眉頭より下にあるのはNG。眉のアーチがきつくなり、タレ目に見える危険性が。

check 5 眉尻の長さ

小鼻のわきと目尻をつないだ延長線上より内側にあること。長くしすぎないように注意を。

眉は〝厚み〟も大事

立体感がないとダメ

毛の生えている眉は立体パーツ。毛を刈り込まず、きちんと厚みを活かすと骨格が強調されて立体的な顔になります。

横からチェックもお忘れなく

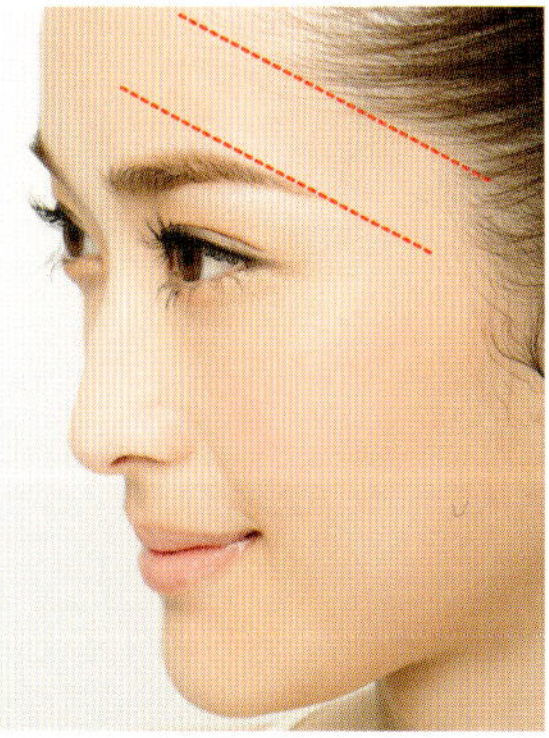

髪の生え際と平行に

横から見たときに、眉山から眉尻にかけてのラインが髪の生え際と平行になっているのが、ナチュラルで美しい状態。

メイクアップ編
アイブロウ

アイブロウアイテムは得意技と色みで選ぶ

地眉の状態と得意技でアイテムをチョイス

眉メイク用のアイテムにはパウダー、ペンシル、リキッド、マスカラがあります。最近ジェルタイプも見かけますが、主にこの4つ。何を使うかは、眉の毛量や仕上がりの好みによります。さらに眉メイクの完成度を上げたいのであれば、複数アイテムの併用がおすすめ。形をつくりやすいペンシル、ボリュームを出しやすいパウダーなど、それぞれの得意技を活かすと、より簡単にキレイに仕上がります。

P92〜の描き方は、このアイテムの特性を上手に活かした方法になっています。

アイブロウアイテムの種類と特徴

フォルムを描くには
ペンシル

繊細なラインが描きやすく、眉のフォルムをつくるのに欠かせないアイテム。部分的なすき間を埋めるのにも便利です。芯の形やかたさなど、バリエーションも豊富。

ボリュームを出すには
パウダー

グラデーションがつくりやすく、ボリュームも簡単に出せます。色をミックスして濃淡を自在に調整できる、多色セットがおすすめ。

眉尻を描くには
リキッド

筆ペンタイプが多く、細かな部分を描き足すのに便利です。ペンシルよりも発色に透け感があり、おだやか。色持ちがよく、落ちやすい眉尻にも向いています。

色調整には
マスカラ

眉色をチェンジさせる即席カラーリングアイテム。液が毛にからみ、眉に立体感も出ます。毛がしっかり生えている人向き。コームタイプもあり。

いちばん大事なのは どの色で描くのか

眉メイクではフォルムと同じくらい色も重要。何を使って眉を描くかより、何色で描くかが大事といってもいいほどです。

眉の色は、髪色にあわせるのが基本。そして、肌にのせたとき自然に見えることも大切です。眉アイテムを購入する際は、必ず肌の上で色を確かめるようにしましょう。

アイテムによる発色の違いも知っておくといいでしょう。一概にはいえませんが、発色の強い順に並べると、ペンシル、パウダー、リキッド、となります。マスカラは比較するのが難しいですが、一般的に見た目より明るく発色する傾向があります。

最近は髪色＝眉色ではない組み合わせを楽しむ人も増えています。肌になじむ色をきちんと選べば、さほど難しくはありません。まずは下の表を目安にして、ぴったりあう色をみつけてください。

髪色と眉色のベストな関係

髪 色	眉 色
黒	オリーブブラウン
赤み or 黄み系の茶髪	基本、髪色にあわせる。髪色より少し明るくてもOK
アッシュ系	ナチュラルブラウン

髪色より眉色が少し
明るいと洗練された
印象になります

地眉のタイプ別、おすすめアイテム

地眉が濃い人
ペンシル

描き足すところがさほどない濃い眉は、ちょっとしたすき間や眉尻が描けるペンシルが活躍。濃い眉のキリッと感とペンシルの強めのタッチは相性もよいでしょう。

地眉が薄い人
パウダー

すき間の目立つ薄眉は広い範囲をいっきにボリュームアップできるパウダーを活用すべき。パウダーのソフトな質感と発色は、毛が細くてふわっと生えている人にもおすすめです。

地眉がない人
ペンシル&パウダー

抜きすぎなどで眉が生えなくなった部位のある人は、アウトライン用にペンシル、欠けた部分を埋めるためにパウダーが必要。両方の質感と発色をミックスして自然な眉に仕上げましょう。

How to

アイブロウ

背骨ラインから始める失敗しない眉の描き方

眉尻でも眉頭でもなく、真ん中あたりがスタート地点

眉メイクでやりがちな失敗といえば、全体を一色でベタッと塗りつぶしてしまうこと。これでは、はりついた海苔のようになってしまいます。色のトーンに濃淡があって、自然なグラデーションと立体感がある。そんな美しい眉に仕上げる、眉メイクの基本ステップをマスターしましょう。

地眉の形が違っても、必要な手順は同じです。まずは、眉中央あたりから眉尻にかけてペンシルで「背骨ライン」を描くところからスタート。ここが全体の基軸となり、失敗せずキレイな眉が描けるのです。

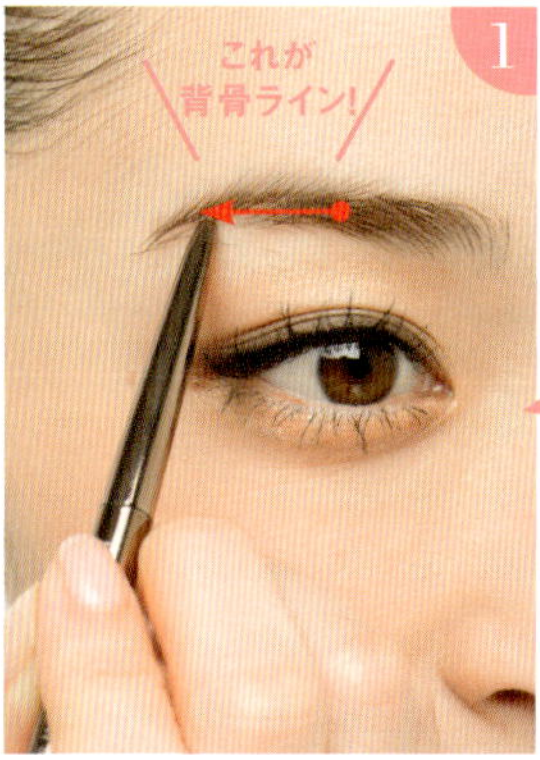

ペンシルで「背骨ライン」を描く

毛流れの交差したところの横から眉山の少し外くらいまで、眉幅のセンターにほぼまっすぐの背骨ラインを引きます。

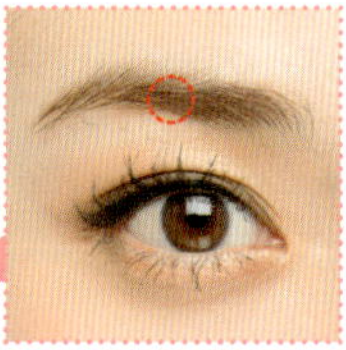

スタート地点はここ

毛流れが交差して、毛が密集しているところがスタート地点。

ペンシルで下ラインを描く

眉頭の毛流れが終わるあたりから眉頭より下がらないところまで、眉下にラインを引きます。ここで眉尻の長さを調整して。

すき間のある人は埋める

背骨ラインと下ラインのあいだのすき間はペンシルで埋める。

3 パウダーで上ラインを肉づけ

毛流れの変わるところから眉尻まで、眉上の生え際にそってパウダーでラインを描きます。

One Point
パウダーはペンシルより淡い色を

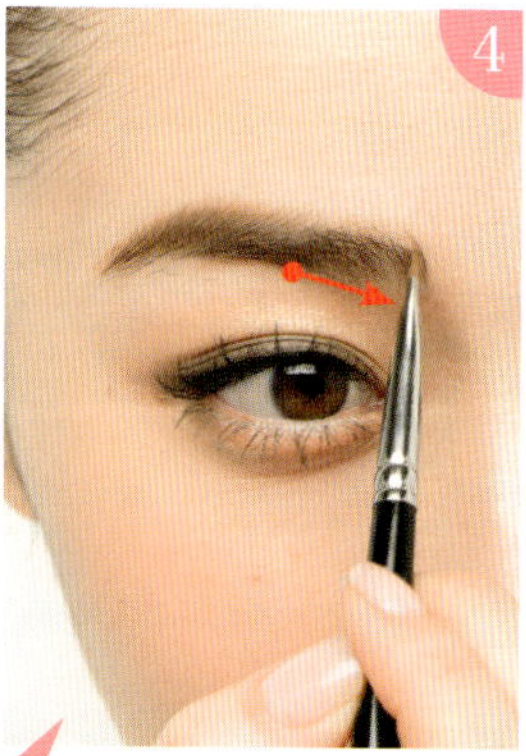

4 眉頭の下半分にパウダーで色をのせる

眉頭の生え際のもっとも外側から眉頭に向かってパウダーで色をのせます。

下から上へ
矢印のように徐々に上へと色をのせる。眉頭が濃くなるのは避けたいので、パウダーのつけ足しは厳禁。

5 スクリューブラシでなじませる

毛流れをととのえながらペンシルとパウダーの質感をなじませます。こすらず、やさしくなでる感じでとかして。

One Point
眉頭は上に、眉尻は下にとかす

完成! 上は薄くて、下が濃い、グラデーション眉のできあがり。

教えて! 尾花さん

Q 左右で眉の形が変わってしまう……。どうすればいい?

A 片方の眉を完璧に仕上げてからもう片方の眉を描き始める人がいますが、それは左右の仕上がりに差がつくもと。左右交互に一工程ずつくり返し、両眉を見比べながら描いていくのが、左右対称な美しい眉に仕上げるポイントです。

How to

アイブロウ

眉の存在感を薄くしたいなら アイブロウマスカラの出番

立体感をアップさせ毛流れもととのう

眉を目立たせないために、抜いたり切ったりしている人をよく目にします。そんなことをするより、明るめの色のアイブロウマスカラで眉色を明るくさせるほうがずっと簡単に存在感を軽くできます。抜いたり切ったりを失敗すると、あとあとまで引きずるけれど、マスカラなら落とせばなかったことにできます。薄い眉に濃いめのマスカラを塗って、キリッとさせることだって、もちろん可能。

毛流れをととのえながら眉色を変え、液が毛にからむことで眉の立体感もアップ。こんな一石三鳥アイテム、使わなきゃ損です。

アイブロウマスカラの正しい使い方

塗る前に余分な液をティッシュオフ

ブラシの先端にマスカラ液がたまっていることが多いので確認を。

1

毛流れに逆らって塗る

眉尻から眉頭のほうに向かって、毛流れに逆らって塗ります。このとき、絶対にマスカラ液を地肌につけないこと。

2

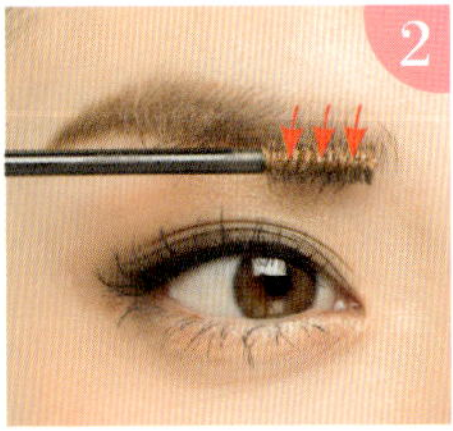

眉頭は上から下へ

眉頭も上から下へ、毛流れに逆らってとかします。

はみ出たら乾いた綿棒でオフ

軽くなでれば取れるので、力を入れて必死にこすらないで。

3

毛流れにそってとかす

最後は眉全体を毛流れにそってやさしくとかします。

メイクアップ編
アイブロウ

最終バランスは遠目でチェック

眉はバランスが命。だから顔全体を客観視することが大事

クローズアップで鏡にかぶりつくように眉メイクをしていると、ほかのパーツとのバランスを忘れてしまいがち。要所要所で鏡をバストアップくらいまで引いて、顔全体のバランスをチェックしましょう。

横顔のチェックも大事。日常生活では面と向かって話しかけられることより、横顔を見られていることのほうが断然多いのですから。眉は顔の額縁です。眉のバランスチェックをおこたれば、メイクのクオリティが下がってしまいます。正面も横も、もれなくチェック！ を習慣にしましょう。

**眉はメイクの額縁
全方位から確認して最終調整を**

顔全体のバランスチェック

あごが下がらない位置に鏡を置き、真正面を向いて、ほかのパーツとのバランスをチェックしながら描きましょう。

あわせ鏡で横顔チェック

軽く眉を上げるなど、顔を動かして筋肉の動きと眉のラインがあっているかを確認しましょう。眉尻の長さ、太さ、眉山の正しい位置チェックもお忘れなく。

How to

アイブロウ

眉カットはメイクを落とす前に

すっぴんでのトリミングは抜きすぎ、切りすぎのもと

眉カットは、夜寝る前やお風呂上がりにする人が多いのではないでしょうか。残念ながら、それは間違いのもとなのです。

　すっぴんの状態でトリミングすると、必要なところまでいじってしまう危険性大。メイクしたままなら、描いてある部分がアウトラインになって、抜きすぎや切りすぎが防げます。大事なのは、メイクをしたときにキレイに見えること。仕上がりを邪魔している毛だけをトリミングすればいいのです。

　眉バサミの使い方も間違いやすいので、左ページを見て注意しましょう。

失敗しない！ 正しいトリミングの仕方

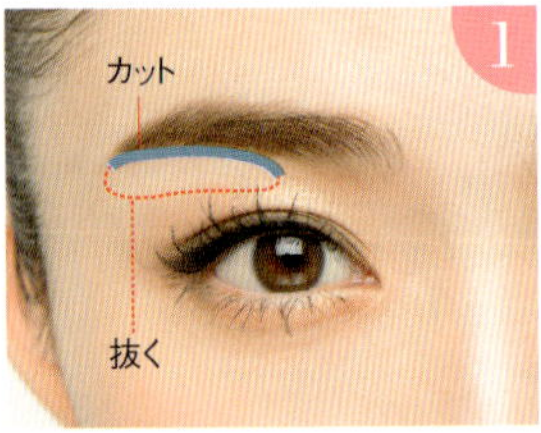

抜く部分とカット部分をチェック

メイクした眉から根元がはみ出ていたら抜く、毛先が出ているだけの場合はカットします。

下のラインからはみ出たらカット

はみ出た毛先だけをカット。必ず眉専用バサミを使いましょう。眉上は基本ノーカット。

One Point

ハサミは眉に垂直にあてましょう

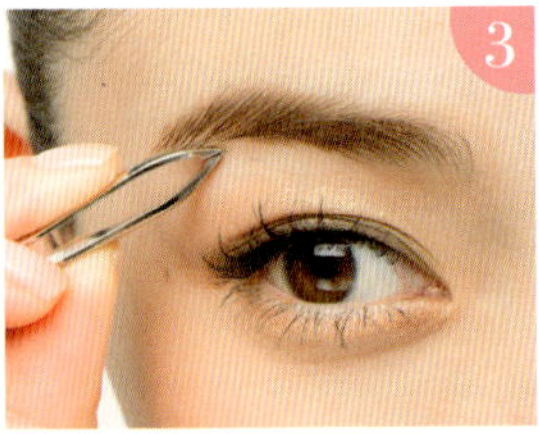

眉上はノータッチ眉下のムダ毛だけ抜く

眉下のラインから根元がはみ出ていたら、毛抜きで抜きます。眉上は抜かないのが基本。

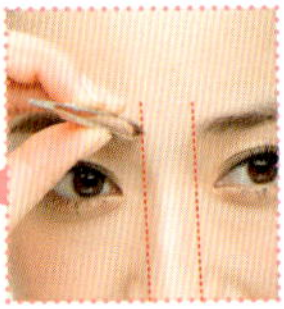

眉間の毛は抜いてOK

眉がつながって見えるのはNG。小鼻の延長線上の内側は抜いておく。

間違いだらけのハサミ使い

眉毛のカットは専用の眉バサミで、がお約束。でも、使い方を間違えば、トリミングが台なしになってしまうかもしれません。

スクリューブラシをあてたままカット

道具を駆使した上級テクニックのように見えますが、これもNG。毛を下げすぎて、深く短めにカットしてしまいます。

ハサミを寝かせてカット

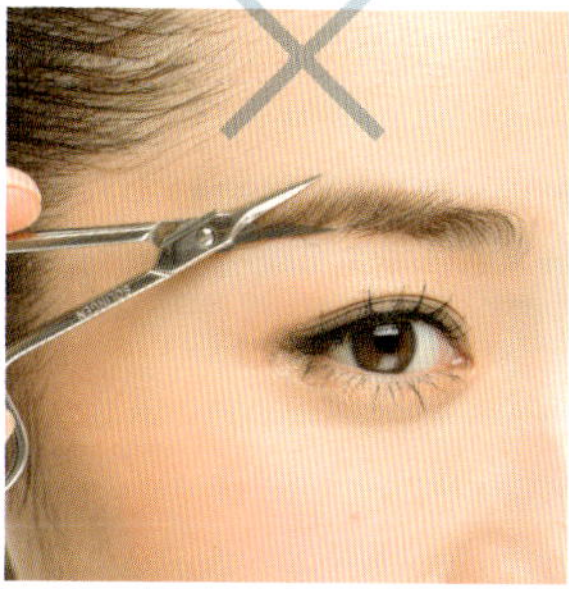

いちばん多い間違いが、これ。ハサミで毛を根こそぎすくいとり、切らなくていいところまで刈り込んでしまいます。

毛のたまっている部分を必死にカット

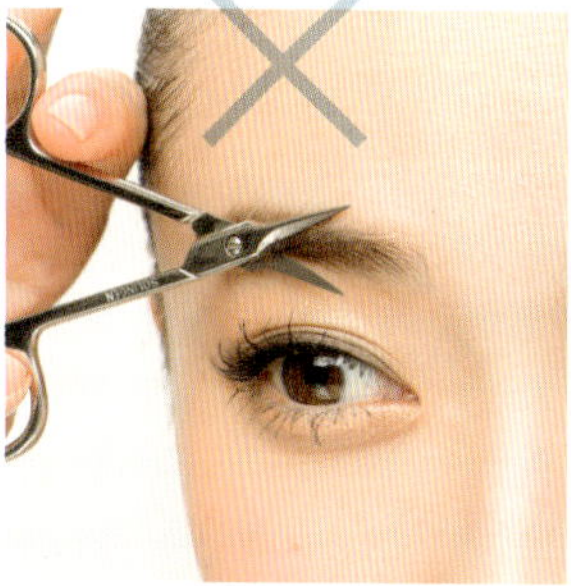

毛流れの交差点は毛が集まって、ついカットしたくなりがち。でも、穴が開く、ムラになるなどの失敗が起こりやすいのです。

眉頭の毛をカット

眉頭の毛は絶対にカットしてはいけません。眉上のラインから毛先がはみ出していても、そのままでOKです。

さらに美眉を極めるために

うぶ毛をシェーバーで処理

眉尻より外側に生えているうぶ毛が濃い人は、電動シェーバーで刈っておくと、眉のアウトラインがくっきりして、立体感もアップします。

メイクアップ編

Lip

唇

理想の**黄金比**でかなえる**美形リップメイク**

口元は、品格

ふっくらとしてボリューミィな唇はそれだけで魅力的。

けれども、口紅の色だけが顔から浮いていたり、グロスや口紅がリップラインからはみ出していたりしたら、せっかくのふっくら感も台なしですね。

口元は、その人が発する言葉同様、女性らしい品格があらわれてこそ美しいもの。ここで黄金比を学んで、気品あふれる唇へ。

Step 1

色で攻略

永遠の定番カラー ピンクベージュで口元を格上げ

「私には何色の口紅が似合うの？」。新しい口紅の色選びは楽しいけれど、結局何がいいのかわからない、という声を、よく耳にします。

そこで、ニュートラルメイクでは、まずだれの唇にもなじむ永遠の定番カラー、ピンクベージュをおすすめします。

「ちょっと無難すぎるかも……」と思った方もいるかもしれませんが、それは大きな誤解！

じつはこの色、塗り方一つでぐっと華やかな唇を演出できる魅惑の色みなのです。

ピンクベージュは、人間の唇の色にいちばん近い色。だから、自分の唇の色素をつけ足すようなイメージで、最大限ボリュームアップできるのです。

また、テクスチャーもツヤ、マットとさまざま。色だけで印象が決まるわけではないので、実際に、唇に塗って選びましょう。

数ある口紅。テクスチャーの違いはどこに？

日比さん

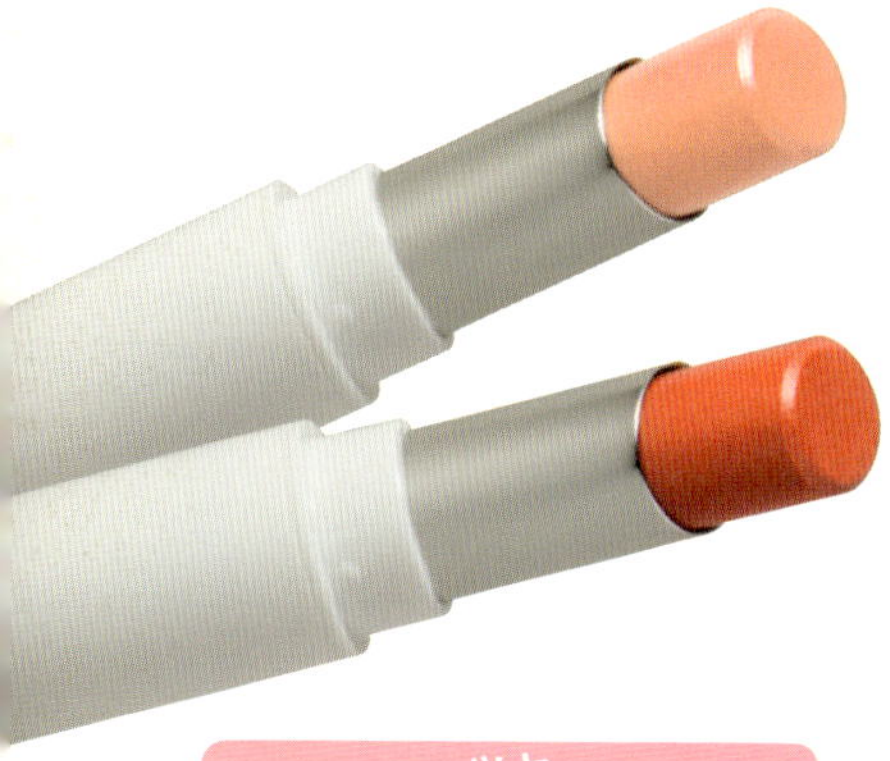

顔料と油分のバランスが決め手

口紅のテクスチャーは、配合されている顔料とワックス、油分の量、粘度のバランスでその性質が大きく変わります。たとえば、粘度の高い油分を多くすればこっくりとした質感に。ワックス量が少ないものはみずみずしい印象になります。

ツヤ

透明なオイルベースに、ワックス、カラー顔料を少なめに配合。顔料が少なく油分が多いと、ツヤ感あふれるグロスの質感になる。

マット

カラー顔料を多めに配合。また揮発するオイルの力で、皮膜材と顔料が唇にピタッと密着するものもある。肌なじみはよいが、やや乾きやすい傾向が。

口紅は色や質感で
顔映りもがらりと変わる
アイテムです

Step 2 形で攻略

豊潤リップの黄金バランスで ふっくら格上げ

薄すぎる、分厚すぎる、小さい、大きい、口角が下がっている、……。

人には魅力的に映るようなことでも、本人にとってはコンプレックス。唇のフォルムに関する悩みも、人それぞれです。

でもご安心を。色だけでなく、どんな唇の形もニュートラルにととのえ、さらにだれが見ても美しい理想のフォルムに近づける、とっておきの黄金比があるのです。

それが、上唇1に対して、下唇1.5の厚みバランスに仕上げること。

もちろん、実際に唇のフォルムやサイズを変えるわけではありません。それをつくりあげるのが、パーツの造形美を引き立てる「立体感」の演出術なのです。

続いては、絶対不変のそんなルールをご紹介しましょう。

立体感の黄金バランスは1：1.5

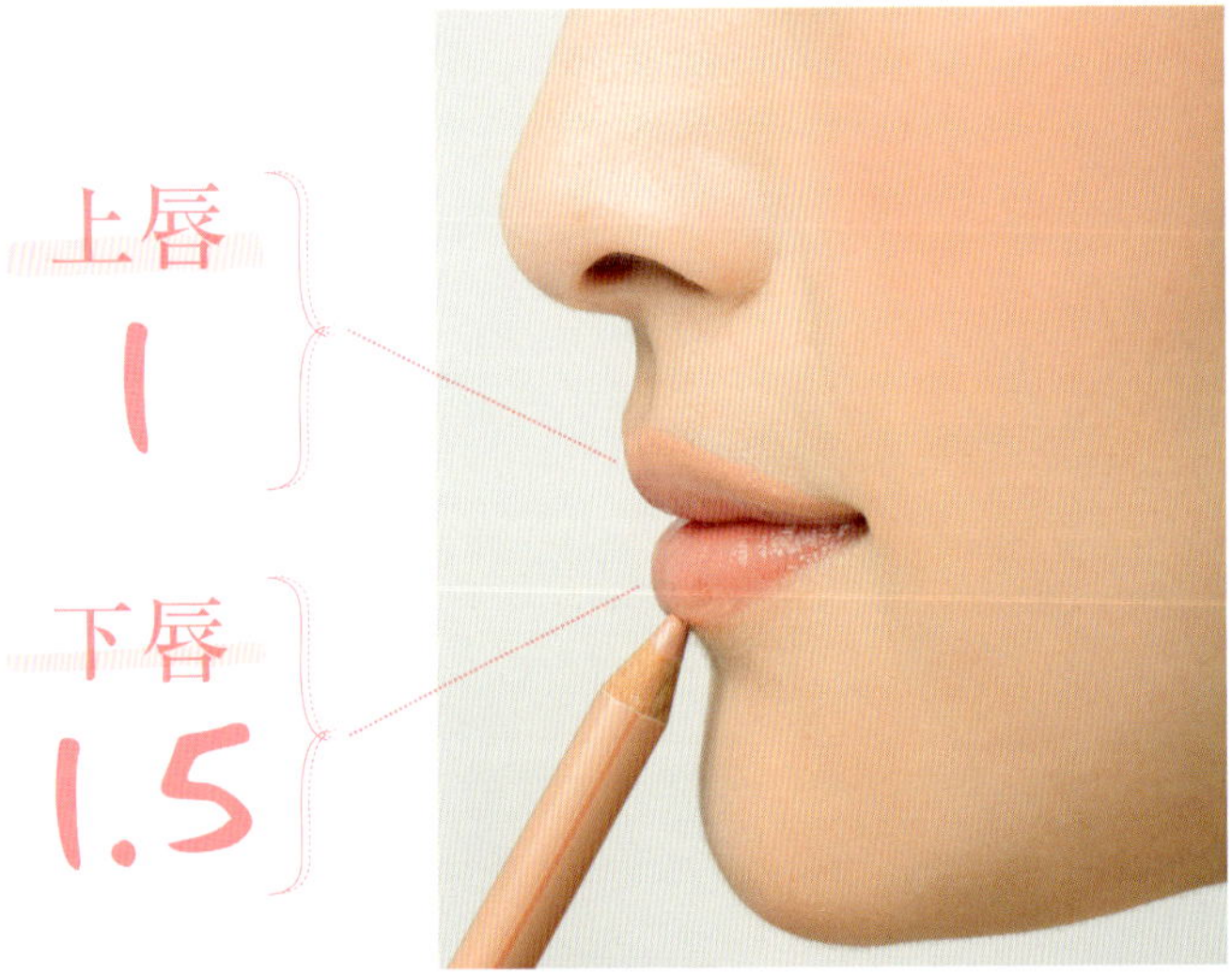

正面も、横顔も、全方位的な美人比率!

人それぞれ厚みは違いますが、このバランスになるべく近づけるよう形づくってみましょう。まずは自分の実際の唇を、鏡でチェックすることから始めます。

簡単マスター

輪郭メイク3つのポイント

理想のリップバランスがわかっても、いざメイクを始めると、どこをどうすればいいのか迷ってしまうもの。そこで、これだけはおさえておきたい3つのポイントをピックアップしました。これを意識するだけで、仕上がりがぐんと美しくなります。

Point 1 山はふっくら

ポイントは、ラウンドシェイプ!

エレガントさをつくるのは、やわらかそうな唇の質感。唇の山のラインを少し丸めに描くことで、ふっくらとした女性的な印象になります。

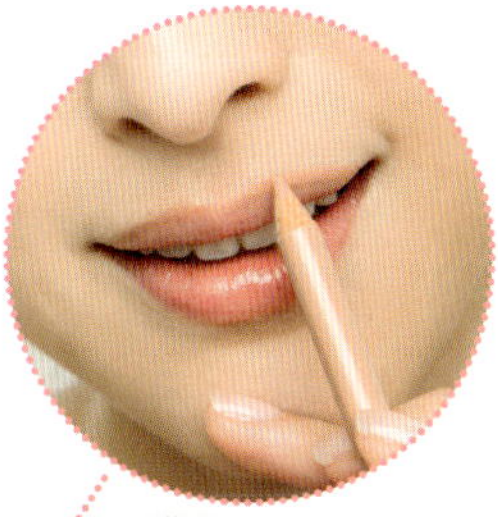

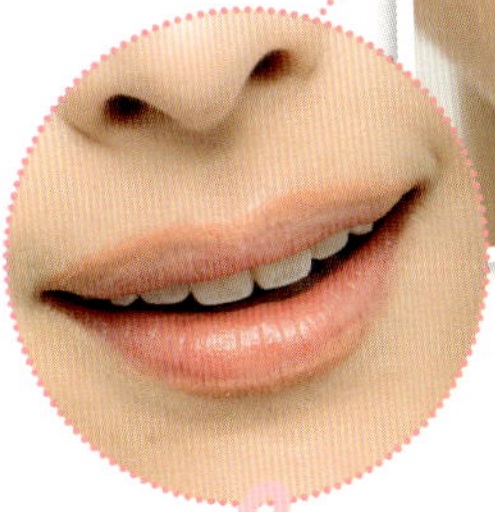

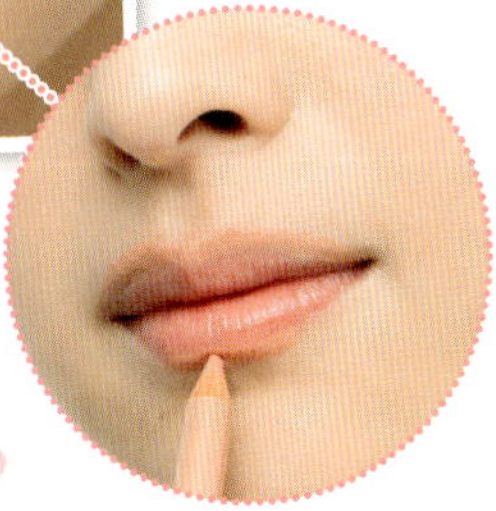

Point 2 口角キュッ!

ポイントは、「エーッ」の意識

口角が上がっていると口元はそれだけで華やかに見えるものです。「エーッ」というときに口角が上がるのを利用して、上向きの輪郭をキープ。

Point 3 船底ボリューミィ

ポイントは、2㎜のオーバーライン

唇のアウトラインは赤い色素の境目? いいえ、じつはもうひとまわり外側に色素の薄いアウトラインが。本当の縁は、2㎜外側のここなのです。

How to

リップ

手持ちのリップでも華やかに 美しい口紅の塗り方

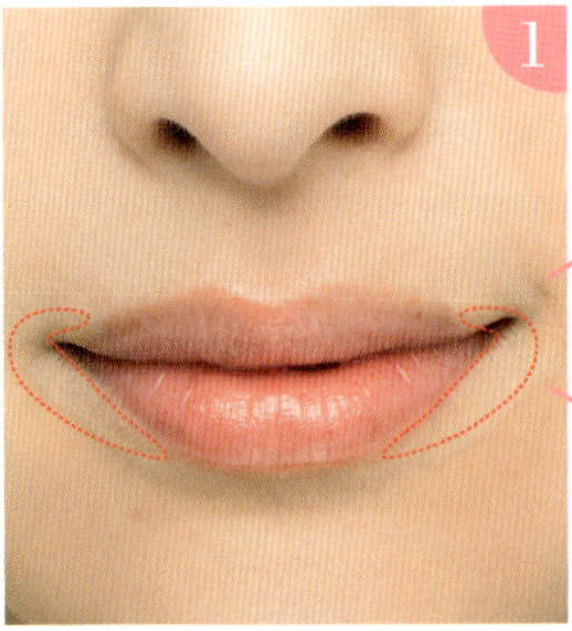

くすみを消す

唇まわりの肌がくすんでいると輪郭がぼんやり。口角をくの字に囲うように肌色コンシーラーをのせ、指先で軽くたたいてなじませて。

しっかり保湿

唇があれていると、口紅はキレイにのりません。事前に保湿リップクリームを塗って、唇をやわらかにうるおしておきます。

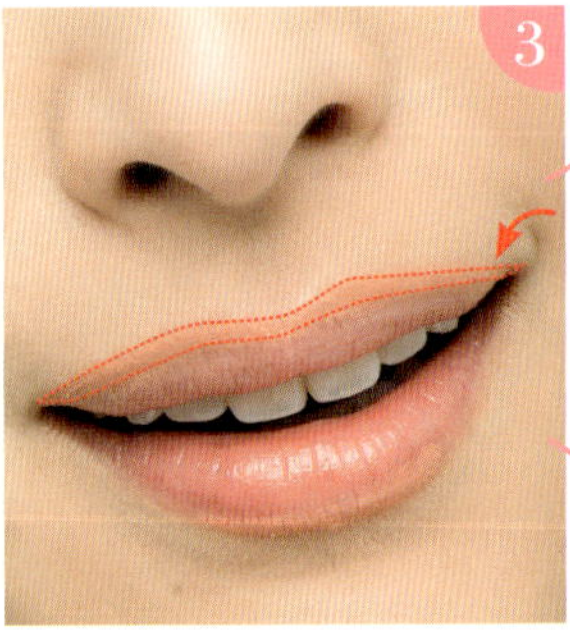

「エーッ」の口で

唇メイクは口角が上がる「エーッ」の口で。口紅と同じピンクベージュ系のリップペンシルで、上唇の口角から山の上辺をライン取りします。

下唇は船底から

厚みを出したい下唇は、まず直線ラインの船底（中央部）から縁取って。唇の赤みが一段薄くなる、アウトラインに線を引きます。

1：1.5の法則で

丸みの裏側近くが色素ギリギリのライン。1.5をめざし調整を。

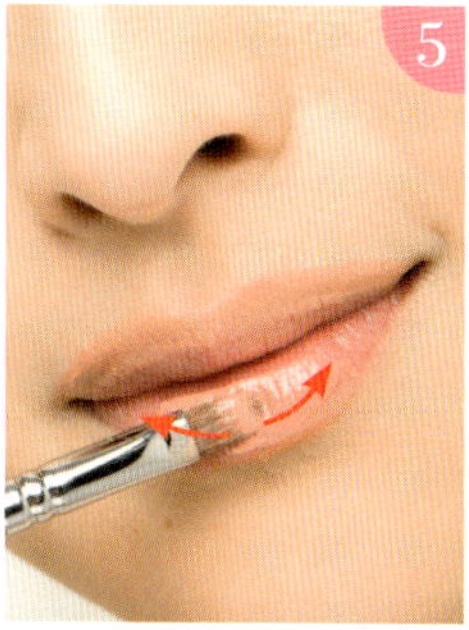

5 口紅は中央部から

口紅をブラシにたっぷり含ませたら、まず肉厚の下唇の中央へ。ブラシを寝かせるようにして、左右へ広げるように塗りのばしていきます。

直塗りのときは……

リップの縁と、唇のアウトラインをあわせることで、輪郭がキレイに引ける。

6 口角には薄く

口角に色がたまると、口元がだらしない印象に。口角は、中央を塗ったあとのブラシに残った少量の口紅のみで、ラインを引きましょう。

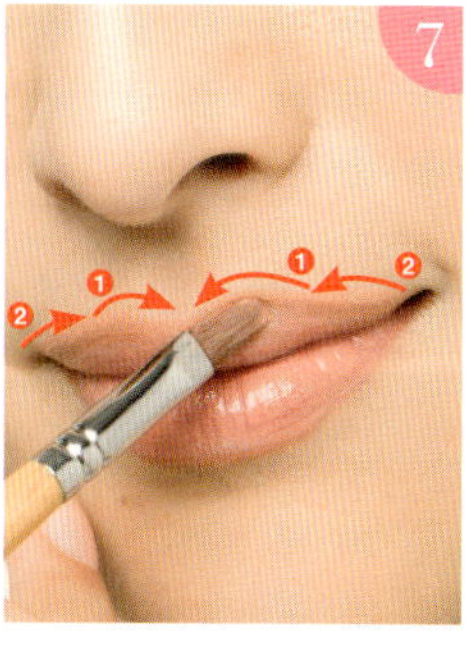

7 上唇も中央から

口紅をブラシにもう一度取ったら、続いて上唇へ。やはりまずは中央に色をのせて塗り広げ、山のライン、口角とていねいに縁取りましょう。

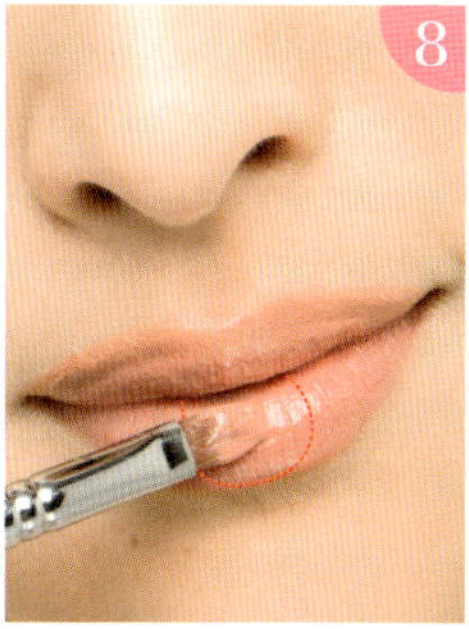

8 仕上げにツヤ足し

最後に、下唇の中央にだけ口紅を重ねづけ。これでふっくら見せたい下唇にツヤが集まり、ぐっとみずみずしい仕上がりになります。

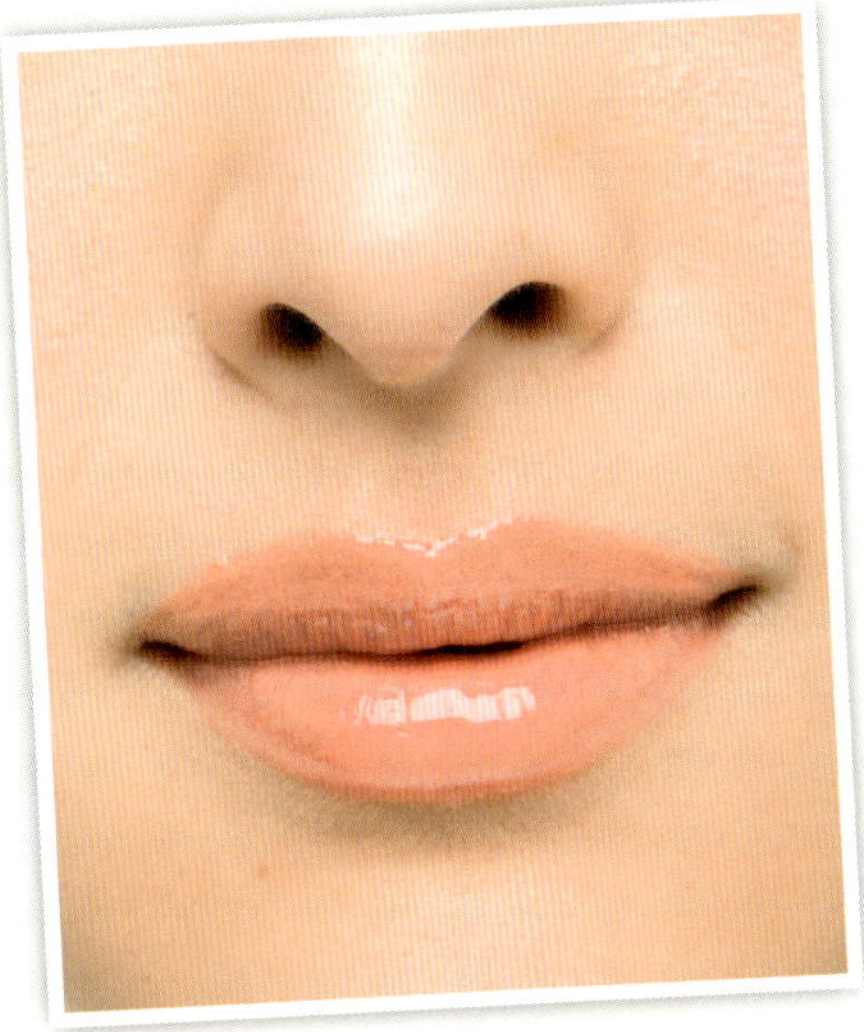

完成! 上唇と下唇の黄金バランス比を意識した、つややかな豊潤リップが完成。品格漂う美形唇に!

リップペンシルは、自分の唇の色にあうものを1本持っておくと、どんな口紅にも使えて便利です

「メイクしたて」の美しさが復活！

プロ級お直し術

メイク直し編

パウダールームなどでメイクを直している人を見て、少しびっくりすることがあります。

たとえば、鏡の前でいきなりファンデーションを重ね塗りしている人。皮脂が浮いた上からファンデーションを塗り重ねると、粉がヨレて残念な仕上がりに……。これでは「上塗りしました」という情報を、周囲に知らせているようなもの。

理想的なメイク直しとは、メイクしたての美しさを復活させること。やみくもに重ねればいいというものではありません。経過時間や使っているファンデーションの形状などでも、くずれ方は違ってきます。肌の状態にあわせ、臨機応変にお直しすべきです。

ここでは、さまざまな状況に備え、それぞれに最適のリタッチ方法をご紹介していきます。

メイクがくずれやすいのは、このエリア

メイクがくずれる原因は、皮脂と乾燥です。まずは、日ごろメイクくずれしやすいエリアは、このどちらが原因なのかを知っておきましょう。頬がくずれやすい人は乾燥対策、Tゾーンがくずれやすい人は皮脂対策というように、お直しのポイントが見えてきます。

乾いてくずれるところ

皮脂くずれだけがメイクのくずれではありません。肌が乾いて、ファンデーションがカサつくようにくずれるケースもあるのです。

テカってくずれるところ

皮脂腺が集中しているTゾーンや小鼻のわきは、皮脂でベタつき、くずれやすい場所。パール感の強いアイテムはテカリが際立つので、使用をひかえましょう。

メイク前のスキンケアをきちんとすれば、くずれにくい

メイクがくずれたときの肌は、浮いてきた皮脂で、肌の表面が波打っています。これは、正しいスキンケアをせずにメイクした直後の肌と似ています。つまり、スキンケアをきちんとしないと、メイクはくずれるということ。美容液や乳液をちゃんと浸透させ、最低でも5分あいだをあけてベースメイクに取りかかれば、メイクの持ちは断然よくなります。

疲れてもいないのに「顔色悪いけど、疲れてる？」と言われたり、メイクしているのに「すっぴんなの？」と聞かれたりしたら、もうそのメイクはくずれているかも……。そうなる前に、まめなリタッチを心がけましょう。

保湿がちゃんとできていれば、メイク直しの回数は減ります

メイク直し編

ファンデーション

ベースメイクのお直しは Tゾーンだけで OK

自分の皮脂をうまく活用して

よほどの大くずれでない限り、Tゾーンだけをお直しすればかなり肌印象はよみがえります。リタッチの仕方はファンデーションの形状によって異なりますが、第一投はどちらも同じ。指でタッピングしながら、皮脂とファンデをなじませます。メイクがくずれて表面が波打っているのを、フラットにととのえるのです。いきなりファンデを重ねるのはNG。デコボコした面にのせても、新たなくずれのもとになるだけです。

皮脂は悪者にされがちですが、肌にとって天然のモイスチャー成分でもあるのです。

フラットな肌に

指先で皮脂とファンデを軽くなじませ、肌をフラットにととのえます。皮脂が多い人はティッシュで軽くおさえて。

小鼻のわきも

テカリやすい小鼻のわきは指1本でなじませる。

リキッド、クリームファンデは

コンシーラーでリタッチ

Tゾーンと小鼻のわきにコンシーラーをのせます。

指でなじませる

コンシーラーをのせたところを指でなじませていきます。

パウダリーファンデは

余分な皮脂を取る

何もつけていないパフでおさえます。

One Point

少しメイク感がほしいときは

パフにファンデをごく薄く取り、こすらずそっとのせる。

メイク直し編

チーク

お直しに適任なのは クリームチーク

チークにはパウダーやジェルタイプなどもありますが、お直しに最適なのはクリームタイプ。乾きがちな頬にもスムーズになじみ、ムラなくキレイに直せます。基本、頬にファンデーションは塗り直さず、いきなりチークを塗ってOK。

ベースメイクを仕上げるときに、ファンデーションのあとで、頬にルースパウダーをのせておくと、チークのくずれや色ムラを防げます。

1 3点にちょんちょんのせ

頬の中心あたりに3か所、クリームチークをのせます。

こするの厳禁!

2 タッピングでなじませる

指でタッピングしながら3点をなじませていきます。

メイク直し編

リップ

潔く一度落としてから 塗り直す

ポイントメイクのなかでも、塗り直しの頻度がいちばん高いのはリップ。毎回とはいいませんが、キレイにお直ししたいのであれば、塗り直す前にひと手間だけプラスして、潔く全部落とすことをおすすめします。

リップバームを含ませた綿棒を唇の上で転がして、メイクオフと保湿を同時にしてしまいましょう。唇がなめらかにうるおい、このあと塗り直すリップの発色や色持ちがよくなります。

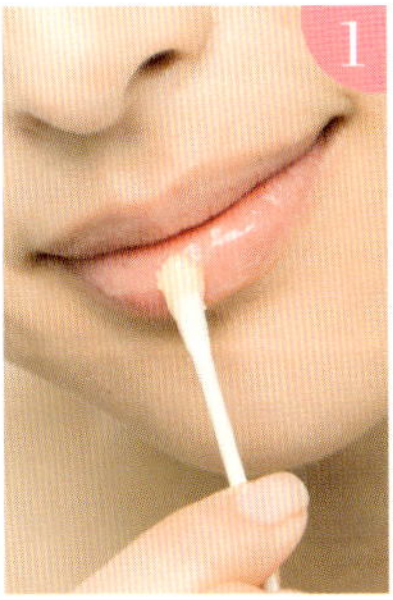

1 残ったリップや皮むけをオフ

リップバームを含ませた綿棒で残っている口紅を落とします。

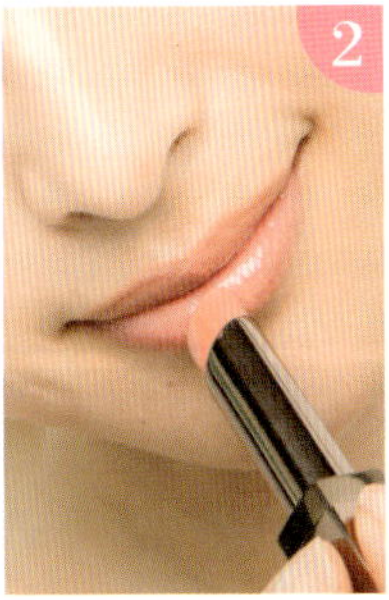

2 口紅を塗り直す

唇をうるおわせたところで、あらためて口紅を塗ります。

メイク直し編

マスカラ

いきなりマスカラを重ねない

目まわりのお直しは、にじみや油分などのマイナス要素をリセットするところからスタートします。

マスカラの塗り直しも同じ。まずは下がってきたまつ毛をカールアップし、ダマになったところをととのえましょう。

これを一度にできるのがホットビューラー。ダマになったマスカラを溶かしてととのえるうえに、上向きまつ毛も復活します。

1

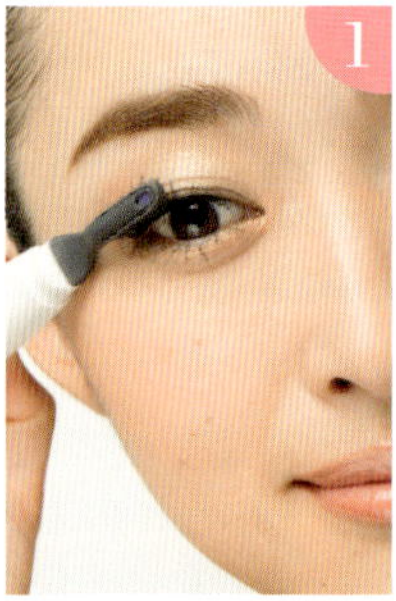

カールを立て直す

ホットビューラーでカールアップ。熱でダマもとれます。

2

マスカラを重ねる

根元から、マスカラを軽く塗ります。

にじんだ目まわりをキレイにする2つの方法

保湿を重視する人は乳液を含んだ綿棒で、リタッチ力をとる人は筆ペンタイプのコンシーラーで、アイラインやマスカラのにじみをオフしましょう。

乳液を含ませた綿棒で

にじみを拭き取りながら、保湿もできます。

コンシーラーで

筆ペンタイプならにじみオフとリタッチを両立。

パウダーものでにじみ予防

アイシャドウかファンデを薄く重ねてにじみ防御を。

メイク直し編

アイブロウ

お直し前に油分を落とせばのりがよくなる

1 綿棒で油分をオフ

乾いた綿棒で皮脂が浮いてにじんでいるところを拭き取ります。

2 描き直す

拭いた部分を描き足します。アイブロウパウダーの場合はここで終了。

3 パウダーでおさえる

ペンシルでリタッチした場合はルースパウダーを軽くのせます。

化粧ポーチに常備

メイク直しのお役立ち小道具5

この5つさえポーチに入れておけば、細かいリタッチ作業もスムーズに進みます。

乳液
ほどよく油分を含み、メイクオフと保湿が同時にできる優れもの。

ティッシュ
あぶらとり紙は皮脂を取りすぎることがあるのでティッシュがおすすめ。

コットン
大判タイプが使いやすい。

スポンジ
厚みのあるものがベスト。汚れているとキレイに塗れないので、まめに洗って。

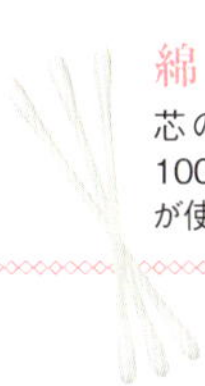

綿棒
芯の部分もすべて100%コットンのものが使いやすい。

道具をうまく使うことが、お直しのクオリティをあげるポイントです

メイク直し編

ライフスタイル別

ライフスタイルが違えば メイク直しも違ってくる

目的に応じて 美しいメイクを復活させる

メイク直しの仕方は、直す頻度によっても違ってきます。ここでは、「こまめにお直し派」と「一日1回お直し派」に分けて、それぞれのリタッチ方法をご紹介していきます。

じつはこれ、ほかにもいろいろなケースに活用できます。たとえば汗をたっぷりかくような日は「一日1回」の重度なメイク直しを。インドアで過ごす日は「こまめにお直し」の軽度なメイク直しを活用すると◎。

ライフスタイルやシーンの違いによって、メイク直しの仕方も臨機応変に変えていきましょう。

この2タイプをマスターしておけば 化粧くずれは恐くない！

一日1回 お直し派

こんなケースにおすすめ

- 外出していることが多く、メイク直しの暇がない
- 汗や皮脂が気になる
- アウトドアで過ごしたあと

こまめに お直し派

こんなケースにおすすめ

- 屋内にいることが多く、あまり汗をかかない
- 皮脂より乾燥が気になる
- 休日のお直し

こまめに
お直し派

軽度のメイク直しは こすらない、重ねないが鉄則

こまめにメイク直しをする人に注意してほしいのが、取りすぎ、重ねすぎです。スポンジやティッシュを使う際は、絶対にこすってはいけません。こする行為が化粧膜をくずし、やみくもに取ってしまいます。お直しのたびに塗り重ねる必要もありません。メイクしたての化粧膜の厚みをキープすればいいのです。

1

くずれ具合をチェック

まずは、どの部分がくずれているかを鏡でチェック。とくにP105で示したエリアを中心に見ましょう。

2

スポンジで肌ならし

テカリが気になるところを何もついていないスポンジでならします。

スポンジがなければ指で

3

ティッシュでおさえる

余分な皮脂をティッシュでおさえます。このとき、決してこすらないこと。小鼻のわきはとくに注意。

一日の後半になったら パウダリーを少しのせる

パウダリーファンデをスポンジに薄く取り、Tゾーンと小鼻のわきに軽くのせる。

一日1回

お直し派

重度のメイク直しは ファンデーションを 落として、塗り直す

汗をかくなどして大きくくずれてしまった場合、上から手を加えるだけでは、あまりキレイに直せません。潔くファンデを落として、化粧膜を一からつくり直すほうが結果的に早く直り、美しく見えます。落としたあとは、使っているファンデの形状にあったお直しステップへ。

乳液を含ませたコットンでファンデーションを拭き取り

ポイントメイクに影響しないエリアを潔くオフ

くずれが進んだ肌の場合、ファンデーションを落としてリセットしないとメイク直しがキレイにできません。

頬

使うのは中指1本

スキンケアのときよりも肌との接地面を狭め、小まわりがきくようにしておく。

小鼻のわき

Tゾーン

パウダリーファンデーションの場合

乳液をしっかりなじませる

乳液をなじませたあと、ハンドプレスをしてしっかり浸透させます。表面に乳液が残っていると、またくずれる原因に。

ファンデを薄く塗る

こすらず、軽くたたくようにして、ファンデーションをのせていきます。

リキッド or クリームファンデーションの場合

ファンデをのせる

乳液で落とした部分に、ファンデーションをのせます。ファンデのかわりに筆ペンタイプのコンシーラーでもＯＫ。

ファンデをなじませる

ざっとのせたファンデーションを、指でタッピングしながらのばし、なじませます。

ベースメイクの直しが終わったら、ポイントメイクもリタッチしましょう

Troubles and Solutions

お悩み解決

なりたい顔になれる
目的別
完全テクニック

メイクは、一瞬でだれでも美しく見せられる魔法のようなもの。

でも、ただ美化するだけではなく、アイテムや色、テクスチャーの選び方や使い方しだいでは、さらに上級の、理想の肌や顔立ちに近づくこともできるのです。

もちろんだれからも「可愛い」「キレイ」と言われる女優やモデルでさえ、悩みやコンプレックスの一つや二つはあるものです。

ただ、それをニュートラルにカバーして、なおかつ理想のコンディションまで引き上げる〝逆転の法則〟を知っているだけ。

あなたもぜひ、この章で紹介するコンプレックス解消法をマスターして、いまより一段上の自己プロデュース力を高めてください。

!!!

お悩み解決

Troubles and Solutions

1

肌の悩みをゼロにしたい

お悩み解決集、最初のチャプターは、一人ひとりが肌に抱える、ピンポイントの対策。

コンプレックスをカバーする、というと、上に何かをのせて隠す、というイメージをもたれるかもしれません。でも、とくに肌にまつわるお悩みの場合、本当の解決策は「メイク以前」にあることも多いのです。

たとえば撮影前のモデルに、血色がよくなるようマッサージをするのも、くずれにくいよう肌に仕込みをしておくのも、メイクのうち。

悩みを解決に導くために、まず肌をじっくり観察したり、スキンケアを見直したり、新たなケアを加えたりしてみてください。

本当の原因は意外なところにあるかもしれません。

!!! お悩み解決
肌の悩み

Trouble

肌が乾燥してメイクがのらない

Solution

根深い肌の乾きに基礎ケア2つの見直し策

より深くうるおいを送り込む角質＆導入ケアを

たとえば季節の変わり目や、化粧品を新しいものに変えたときなど、どうにも癒しがたい肌の乾きに襲われることがあります。

こんなとき、まずすべきはスキンケア製品が肌にあっているか、そして基本の保湿ケア（P28～）が雑になっていないかの再確認。

保湿力に問題があるなら、セラミドやヒアルロン酸に代表されるような高保湿成分入りのアイテムに変えたり、浸透促進成分が入ったブースターなどを活用したりするのも一策です。

また受け皿となる肌の角質ケアをすることで改善されることもあるので、試してみて。

1 保湿ケアの見直し

浸透促進成分が配合された「ブースター」は、次に使う化粧水や美容液の浸透を高めるハイテク化粧品。高保湿成分入りのコスメとの併用で、ディープな保湿を。

2 角質ケアの見直し

古い角質などで毛穴づまりが起こっていると、天然の保湿成分でもある皮脂が出にくい状態に。乾燥肌ならなおのこと、ピーリングなどの定期的な角質ケアを。

お悩み解決
肌の悩み

Trouble

イチゴ毛穴が気になる

Solution

イチゴ毛穴の悪目立ちは2つのオイル対策で封印

保湿までやってこそ、完璧なオイル対策

ポツポツと鼻の頭の毛穴に潜む黒い汚れ、気になりますね。ご存じのように、これは皮脂や古い角質が毛穴につまり、空気に触れる表面が酸化して黒ずんでしまったもの。

これはメイクを重ねてもなかなか隠しにくいので、根本から断つことが必要。

もとはといえば、過剰な皮脂とつまった汚れが黒ずみのもと。まずつまりを除いたあとで、過剰な皮脂が出なくてもすむように、正しい保湿をしておきましょう。

毛穴や皮脂を気にする人は、この保湿を見落としがち。正しいオイル対策で肌の立て直しを。

1 広めの角質ケア

鼻の頭だけでなく、小鼻や周辺の頬もじつは皮脂分泌の多いところ。この皮脂過多エリアも含めて、週1〜2回のゴマージュや部分ピーリングで、脂づまりや角質を除いてクリーンに。

2 正しく保湿

毛穴掃除は、汚れを除くだけではダメ。床磨きのあとのワックスと同じく、肌も保湿ケアまできちんとおこなってこそ。保湿が行き届けば、必然的に過剰な皮脂もセーブされるはず。

意外と大事!

お悩み解決
肌の悩み

Trouble

頬の乾燥毛穴が気になる

Solution

乾いて目立つ頬の毛穴はコットンパックでうるおい充てん

美容液を効果的に使うためにも化粧水でキメをふっくらと

エアコンや空調が効いた室内に長くいると、肌の乾燥が気になりますね。

こんなときは、まず肌表面の角層をやわらかく、ふっくらさせることが先決。なぜなら、角層がうるおうと、より美容液の浸透がよくなり、保湿効果が高まるから。高価なシートマスクを買わなくても、手持ちのアイテムで手軽にできる対策があります。

それが化粧水でのコットンパック。下のやり方を参考に、毎日のケアに取り入れましょう。

コットンは2枚に裂く

切りっぱなしの大判コットンに、しっとりタイプの化粧水をひたひたに含ませ、端から2枚に裂いておきます。

1

頬全体をパック

乾燥毛穴が気になる頬にコットンをはりつけて。乾燥ジワができやすい目のキワまでガードして、5分放置。

2

仕上げに濃密保湿

コットンをはがしてしんなりした肌に、美容液や乳液をたっぷりと。5分以上おいてから下地をつけましょう。

3

Trouble

陥没毛穴がどうしても気になる

Solution

開いて目立つ頬の毛穴は薄くカバーしなめらかに

専用下地を活用して凹みをカバー

人からは、かなり近づかないと見えないくらいの陥没毛穴でも、自分では気になってしまうものですよね。

どうしても気になる人には、専用の毛穴カバー下地をおすすめします。ブランドやアイテムはさまざまですが、毛穴の凹みをカバーするシリコンタイプのものや、毛穴に入る光をコントロールするものがおすすめ。

隠したい気持ちから厚く重ねると、くずれやすくなってしまうので、薄くなじませるのがポイントです。

1 カバー下地をオン

気になる毛穴があるところを中心に、専用のカバー下地を薄くのばします。量をつけすぎると悪目立ちするので、米粒大くらいから少しずつ、しっかりとなじませていきます。

2 指でなじませる

毛穴カバーは肌との一体感こそが、何より大事。肌と下地との境目をフラットになるまでなじませ、表面に凸凹がなくなったことを確認しましょう。

Trouble

肌のテカリがひどい

Solution

朝のクーリング保湿でより長く皮脂テカをセーブ

保湿＋収れん化粧水のダブル使いでテカリ知らず

乾燥と並んで、日中のメイク肌の2大悩みといえば、皮脂によるテカリ。じつは朝のメイク前のひと手間で、このテカリを制して、さらりとした肌を長く持たせる方法があります。

使うのは、収れん化粧水とコットン。収れん化粧水とは、一般的な化粧水より皮脂をおさえる効果が高く、さっぱりとした感触で引き締め感があります。これをコットンになじませて、テカリがとくにひどいTゾーンだけ2～3分パック。肌表面が冷えたことを確認しましょう。

ただし保湿ケアはどんな肌にも必須。まず化粧水や乳液で肌をととのえてから、が鉄則です。

これが顔の皮脂テカゾーン!

私たちの体のちょうどセンターを走る正中線。じつはこのライン上が皮脂の分泌量のいちばん多いところ。テカリ対策をするときは、このラインを意識するとうまくいきます。Tゾーンはもちろん、意外に脂っぽいあご先も、ここに。

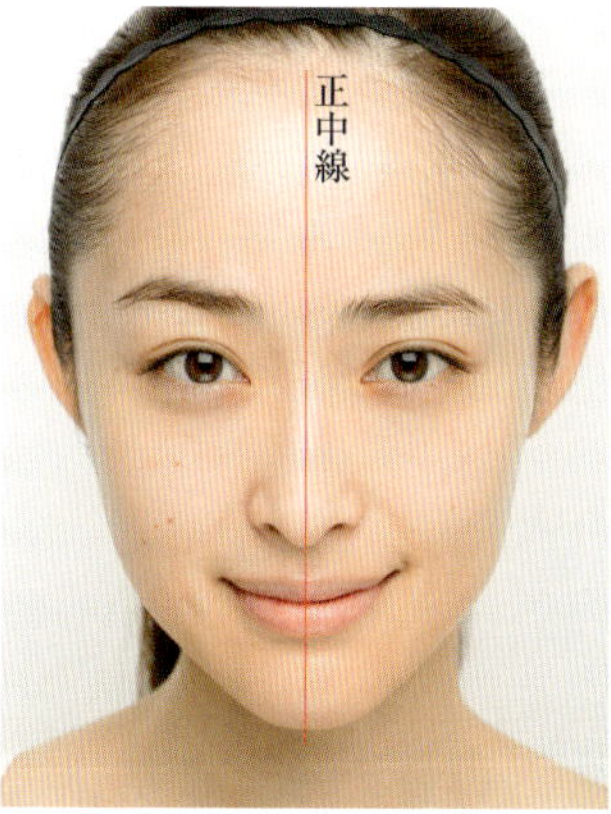

Tゾーンをクールダウン

テカリがちな場所は、化粧水の段階でひんやりクールダウンを。引き締め効果に優れた収れん化粧水をコットンに含ませ、Tゾーンやあご先を2～3分パックしましょう。

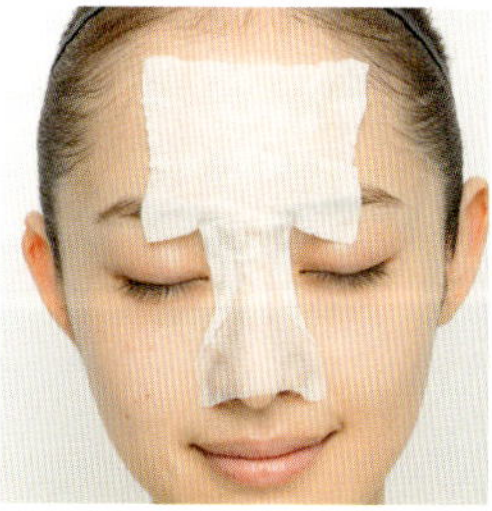

お悩み解決
肌の悩み

Trouble

しぶといクマをどうにかしたい

Solution

色濃いクマはオレンジ系で効率よく相殺

青くくすんだクマは補色の効果を利用

シミやくすみのカバー術は、ベースメイク編コンシーラーのページで（P54～参照）ご紹介してきました。

ただ、重度に色濃い色ムラの場合、肌色のコンシーラーで隠そうとしても、かえってグレーに沈んでしまうケースがあります。

たとえば、青くくすんだ重度のクマなどがそれ。こんなときは、オレンジ系コンシーラーの出番です。青と補色（反対色）の関係にあるオレンジが、クマの影をやわらかに打ち消してくれます。仕上げに薄くパウダリーを重ねれば、よりパーフェクトな仕上がりに。

色選びの目安は、OR《オレンジ》系

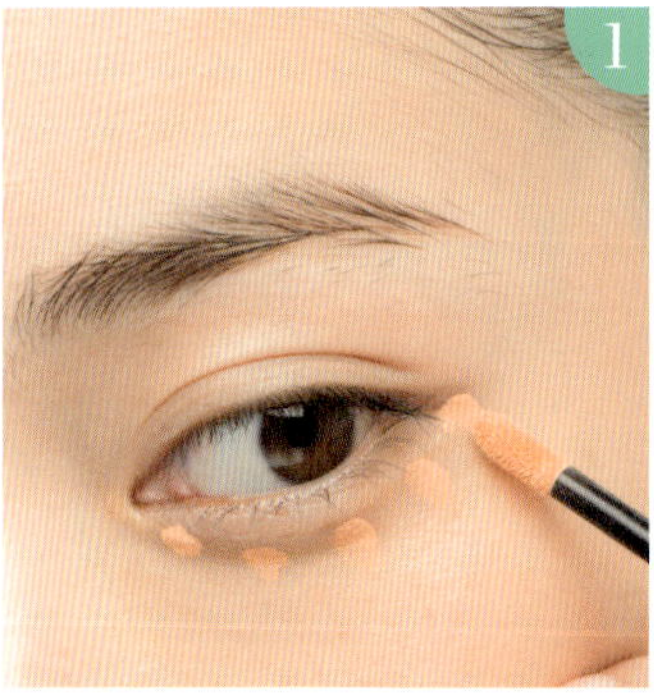

1 下まぶたに点置き

コンシーラーは色名にオレンジを意味する「OR」と書かれているものを選びます。クマの気になるところに均一につくように下まぶたのカーブにあわせて点置きをしていきます。

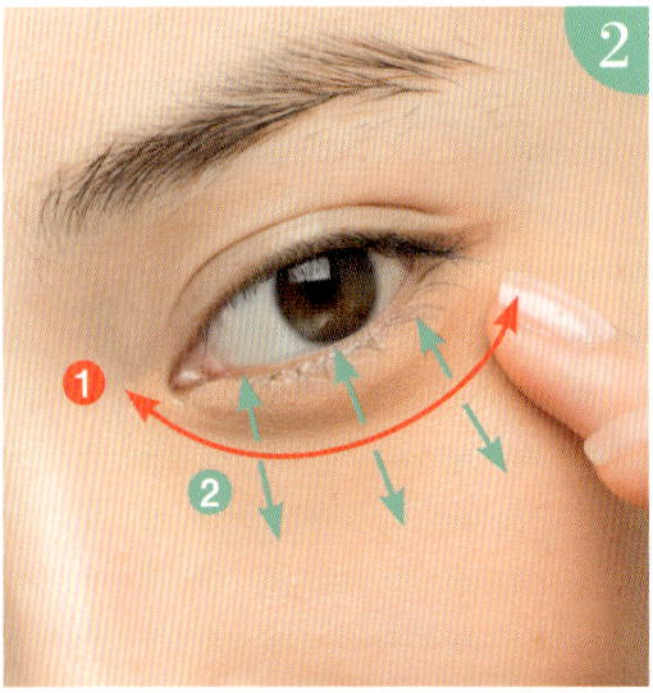

2 「核」から広げる

左右に指をスライドさせて点と点をつなげて❶の核をつくります。この核を中心に、❷のように上下になじませながらクマ全体をカバー。キワまで塗り残しなく仕上げて。

お悩み解決
肌の悩み

Trouble

ニキビを隠したい

ブラシ使いで凸感をやわらげて

ポツンとできてしまったニキビ、気になってしまいますよね。

皮膚に盛り上がりのあるニキビの場合、その凸感のならし方がポイントに。ニキビの周囲だけを、コンシーラーブラシを活用し、なだらかにととのえるのです。また、できれば、ニキビ跡にならないようにビタミンC誘導体などの成分が入ったコンシーラーを選ぶことも、肌には大事。

とはいえニキビは本来、毛穴のなかに皮脂がつまって炎症を起こした状態。赤く腫れているときは、まず皮膚科へ！

Solution

ニキビ隠しは凹凸のならし方で差をつける

周囲ほどなだらかに

トラブルカバーは、隠そうとしていることが人にわかってしまうと失敗。盛り上がりを最小限におさえることが重要です。ニキビより2まわり大きめにコンシーラーをなじませ、肌との境目をできるだけなだらかにならすことが大切です。そのあと表面を軽くパウダリーでおさえて。

指では上手にならせない境目も、コンシーラーブラシならすそ野を広げるようになだらかになりますよ

!!! お悩み解決
肌の悩み

Trouble

赤ら顔が気になる

Solution

赤ら顔は、補色のグリーンで悩みごと相殺

つけすぎ、のばしすぎは逆効果と心得て

赤ら顔の原因は、毛細血管が透けて見えること。これを消すには、赤の補色になるグリーンのコントロールカラーが有効です。

ただし、毛細血管が浮き出ている頬だけに使うのがポイントです。よくコントロールカラーを下地のように広くのばしてしまう人がいますが、これは失敗のもと。

たとえばグリーンは、普通の肌色の上にのせると血色が悪く見えてしまいます。また、量を使いすぎると、グレーっぽく転ぶことも。

赤みの強さにもよりますが、両頬でパール粒半分もあれば充分。調整しながら使いましょう。

使うのはグリーンのコントロールカラー

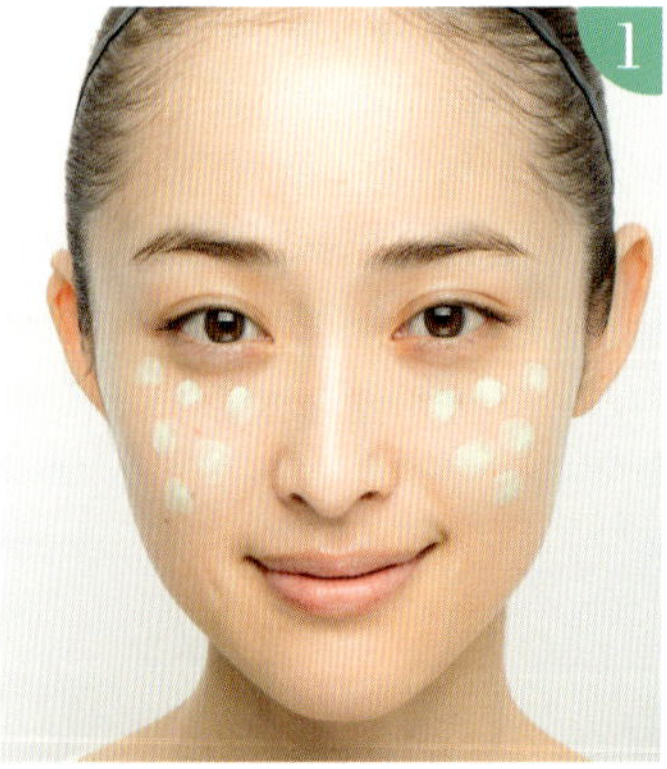

6か所に点置き
赤みは頬のセンターエリアに集中。下地を塗ったあと、ここにコントロールカラーを点置きします。

のばす
点置きエリア内で、コントロールカラーを均一にならします。

なじませる
指のスジや色ムラを調整するため、スポンジで軽くなじませましょう。

Trouble

いまのファンデは肌がくすむ気がする

Solution

肌の黄ぐすみはほかのブランドを試して解決

統一基準がない肌色表記に惑わされないで

自分にあうファンデーションの色をカウンターで選んでもらったのに、なぜか色浮きして……。こんな悩みをときどき耳にします。

その実、肌色の色づくりに限っていえば、各ブランドごとに、黄みや赤み、白さなどにわずかなトーン差があるのです。実際、肌色の表記に統一基準があるわけではないので、ブランドごとに標準としている肌色も異なります。

肌色がいつも黄ぐすみしたり白浮きして見えるなら、違うブランドを試して一日過ごしてみましょう。きっと、ぴったりの色が見つかりますよ。

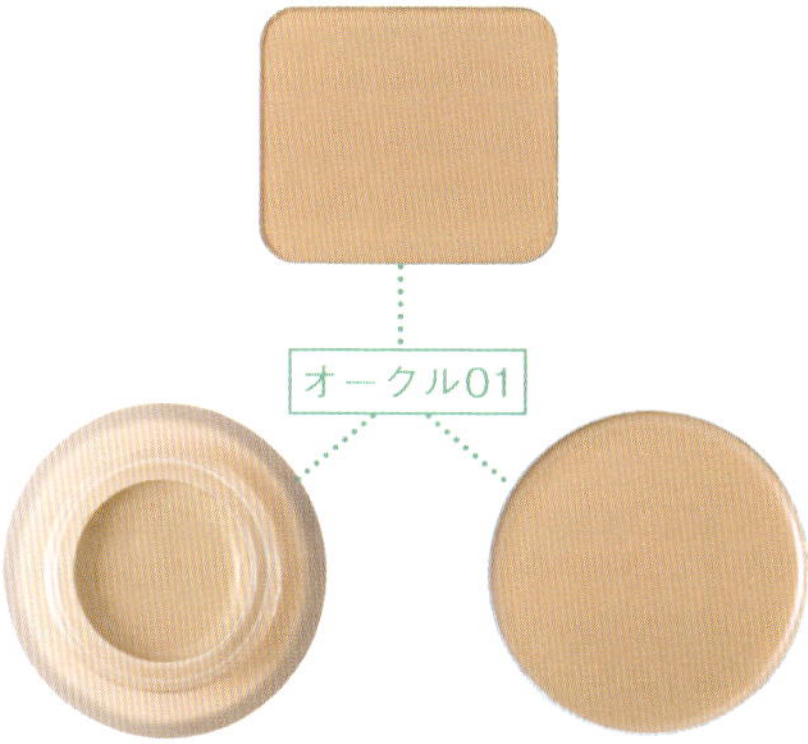
オークル01

たとえば、同じオークル01と表記されたファンデーションを比べても、すべてが同じ色ではありません。色番や色名は参考程度に、実際に肌で試すのが賢明。

ヨーロッパ、アメリカ、アジアと、ブランドの本国がどこかによっても、黄みや赤みに差があります

Trouble

シワが目立つ

Solution

気になるシワはコンシーラーで底上げ救済

目立つのは影が原因 光のテクでライトアップを

そもそもシワは、肌内部からのハリの支えが弱って起こる、一つの老化現象。いったんできてしまうと、劇的な改善は難しいものです。

だからこそ、メイクの出番。コンシーラーやハイライトで、溝の影をふんわり消していきましょう。

ただし表情によって動く筋肉も違えば、シワができる範囲や本数も違います。隠すというより、シワの深さや長さに応じたアイテム選びと影色飛ばしテクで、ナチュラルにカバーしましょう。ここでは目元とほうれい線の2か所を攻略します。

2大シワ出現スポットはここ！

重力が原因の
ほうれい線

小鼻から口元へのびるほうれい線は、ハリが衰え重力に抗えなくなった証拠。ラインの溝を明るくぼかしてカバーします。

表情が原因の
目元の小ジワ

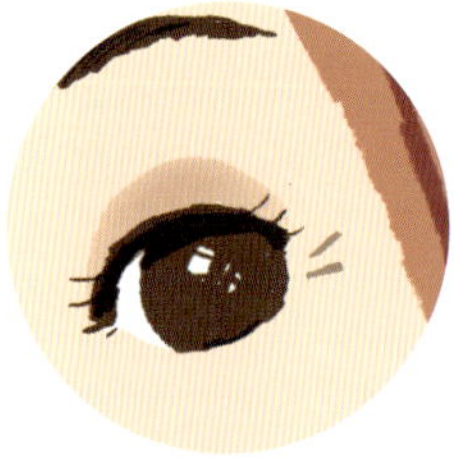

主な原因は、笑いジワ。笑うと、目の下の皮膚ごと引っぱられ、小さなシワが何本も。「面反射のテク」で解消します。

シワの特徴にあった消し方で目立たなくしていきましょう

筆ペンコンシーラーで ほうれい線を消す

1 太めになぞる

ほうれい線を太めになぞり、同時にくすみやすい小鼻のわきもカバー。

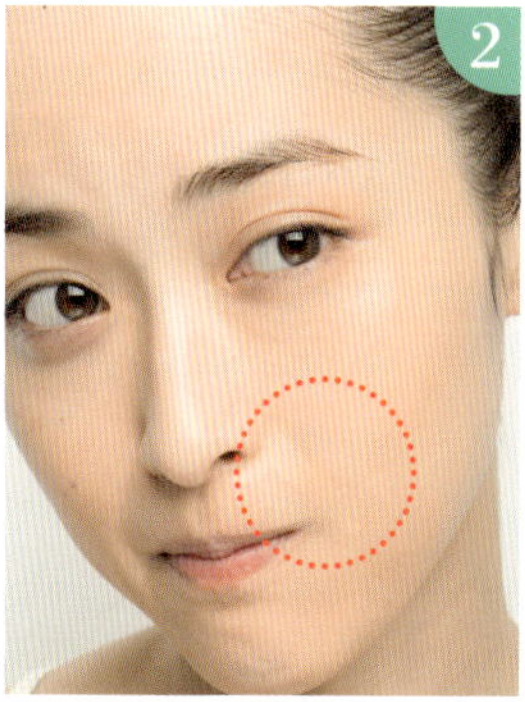

2 シワをのばす

頬をふくらませてシワをチェック。のびた部分がなじませポイント。

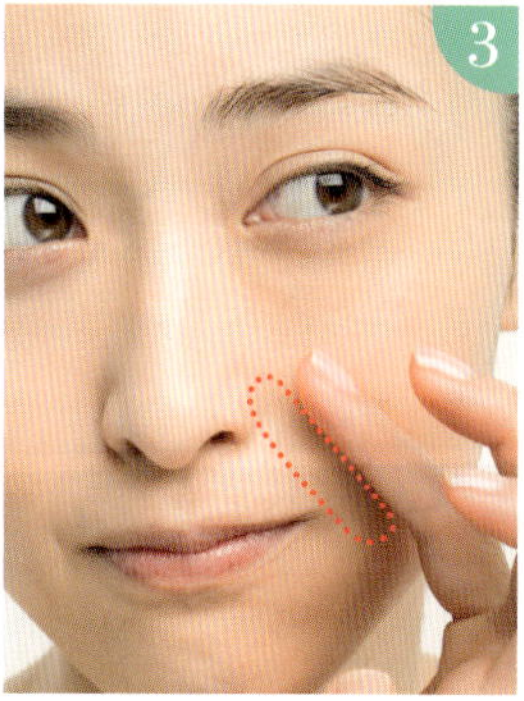

3 境目をタッピング

頬はふくらませたまま、肌との境目だけを細長くぼかしていけば完了!

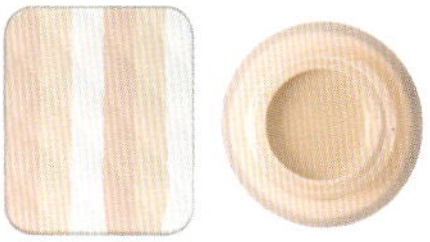

保湿ファンデとハイライトで 目元の小ジワを目立たなくする

Point 1 保湿系ファンデを塗る

ツヤのある保湿力の高いファンデでしっとり。シワを目立たなくします。

Point 2 アイクリームを塗る

メイク直しのときに、アイクリームを気になる部分に薄く塗ります。

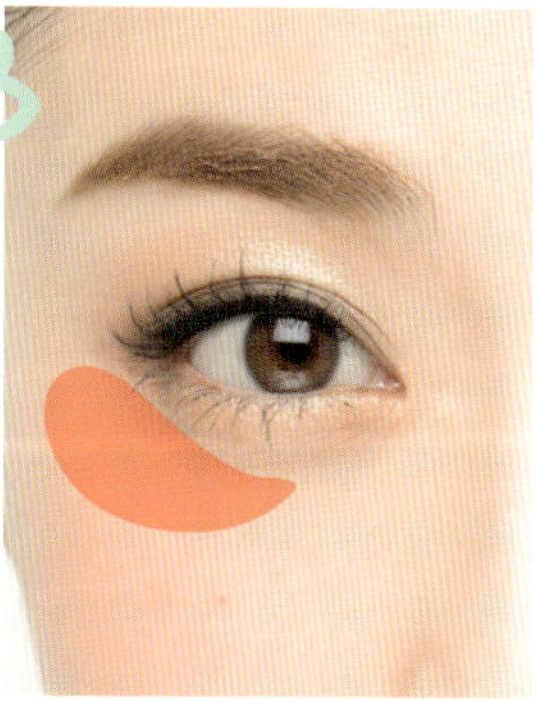

Point 3 光で飛ばす

ブラシでふわりとハイライトを入れると、光の効果でシワが目立ちにくく。

お悩み解決
肌の悩み

Trouble

夕方になるとほうれい線が…

Solution

「舌リフト」で夕方のほうれい線を撃退

顔色も、頬の締まりも戻る簡単マッサージ法

一日の疲れもピークに近づく夕方の終業時刻まぎわ。顔の頬だるみもピークを迎えます。じつは、一日という短いサイクルのなかでも肌の疲弊は起こっていて、朝より夕方のほうがわずかに頬位置も下がるといわれています。

こんなとき道具も手も使わずに、ソフトに頬を刺激できる簡易マッサージがあるのです。

それが、舌を使った「舌リフト」。

舌先で頬をおし出したり、頬をぷーっとふくらませたりすることで血行がよくなって、表情に緊張感が戻り、ほうれい線も目立たなく。

習慣にすると頬もたるみにくくなりますよ。

口内から頬をリフトアップ！

頬の筋肉を強化

片頬の筋肉をゆっくりふくらませ、戻します。左右交互に5回ずつ。

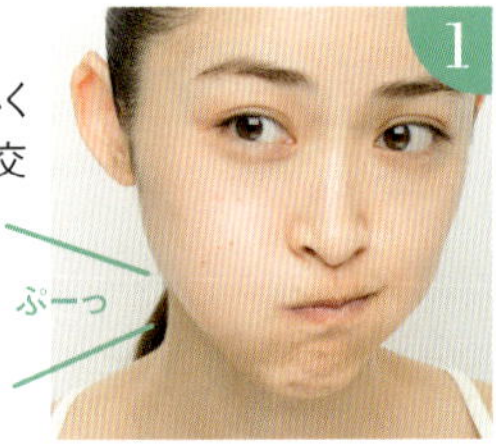

口元の筋肉を緊張

今度は口をパンパンにふくらませ、そのまま唇に力を入れてすぼめ、5秒間キープ。

舌でシワをおし戻す

ほうれい線の真裏から、舌先でぐっとシワの溝をおし戻すようになぞりあげて。

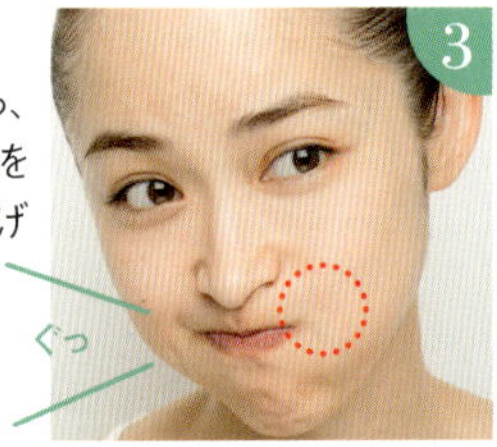

!!! お悩み解決
肌の悩み

Trouble

お疲れ顔が悩み

Solution

透明感を復活させて顔全体を元気にリフトアップ

印象は、視覚がすべて 上向きラインで目線を誘導

なぜかいつも「疲れてる？」と聞かれてしまう。こんな人は、ちょっとした視覚効果を利用して、表情に元気を吹き込んであげましょう。

人間は、上向きのものや赤みのあるものを見ると「元気」「若々しい」と感じます。

つまり、ファンデーションを塗り直すよりも、血色や透明感を与えたほうが、いきいきとした印象を瞬時につくれるのです。

たとえば、目頭にハイライトを入れると、みずみずしい透明感が出ます。さらに、光が反射して瞳も澄んだ印象に。元気復活用のハイライトを、お直しに活用して。

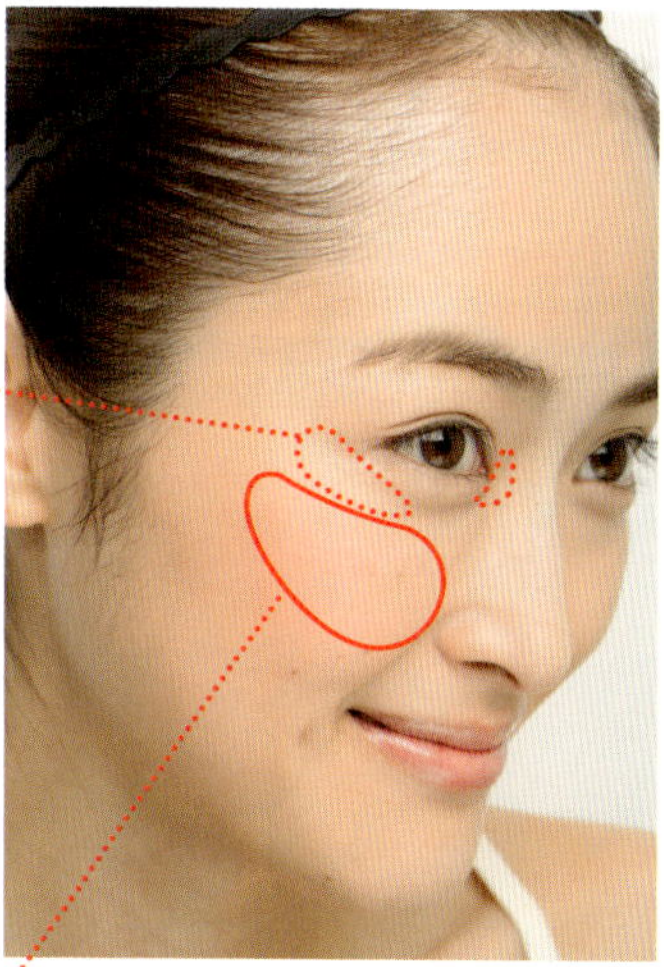

Point 1

目元まわりハイライト

目元まわりがどんよりくすむと、表情はより曇って見えます。パールホワイトやパールベージュなど光を含んだアイカラーやハイライト、フェイスパウダーを目尻の下あたりに。これで瞳がライトアップされ、透明感も復活します。

Point 2

上向きチーク

基本のチークの描き方（P62 ～）を参照し、チークを入れます。わずかな上向きの軌道ができるだけでも、頬はスッと上がって見えます。

お悩み解決
肌の悩み

Trouble

朝起きたら肌がくすんでいる

Solution

透明感のスイッチを入れる朝の習慣、1分マッサージ

顔とつながる頭皮のコリもくすみを誘引？

ハードな毎日が続いていたり、あまり睡眠時間がとれなかったりした翌朝。朝からすでに顔色がどんより……ということも、女性にはよくあるのではないでしょうか。

てっとり早い対策として、老廃物や血流の滞りを流すフェイスマッサージが知られていますが、じつはもっと効果的なところが頭皮なのです。

頭部の老廃物の排出口はわきの下にあるのですが、その途中の重要なジャンクションが、耳の下にある耳下腺《じかせん》。つまり、その周囲の血流アップが、くすみを流すカギなのです。

頭皮のコリは、くすみと比例

顔同様、重力で下へ引っぱられる頭皮は、皮膚もかたく、老廃物もたまりがち。とくに疲れ目の影響も受けやすい耳まわりは、血流も悪化しやすく、くすみに直結するので念入りにもみましょう。

いつでもどこでも、気づいたときに頭皮マッサージをする習慣をつけると肌色もくすみにくくなりますよ

頭皮のつまりを流して血流をアップ

頭皮のかたさは、くすみにもかかわる一大事。頻繁にもみほぐすことで、透明感あふれる肌が戻ります。そのマッサージ方法をここに伝授。時間がなければ、１の耳もみだけでもまめに実践を。

最初と最後に耳もみを

かたい耳まわりをほぐすことで、老廃物の排出はよりスムーズに。耳をつまんで、前後にぐるぐる耳まわしを、各10回。時間がないときはこれだけでもOK!

まずひたいの滞りを流す

両手の中指と薬指をひたいの中央に4点置きしたら、２秒ツボおし。少しずつ移動させながら2秒おし、をくり返してこめかみまで。

生え際をプッシュ

顔と頭皮の境目、髪の生え際もしっかりほぐして。生え際にそって指の腹をあて、地肌を小さく回転させるようにマッサージします。

耳上から後頭部へ

指を開き、こめかみから老廃物を耳上へ向けて流し、後頭部をぐるりととおって、えり足、鎖骨の順へ。最後に1をもう一度。

お悩み解決
肌の悩み

Trouble

BBクリームがヨレてキレイにならない

Solution

BBクリームのヨレくずれは少量&「減厚塗り」で回避

油分と厚みのコントロールが成否のカギ

手軽なメイクアイテムとして幅広い世代が愛用している「BBクリーム」。

もともとは肌の傷や欠点をカバーする軟膏クリームでしたが、いまでは保湿、下地、UVケア、ファンデーション、コンシーラーのすべてを担うアイテムとして重宝されています。

ただ　さまざまな役割を兼ねている分、油分の配合量も多く、ヨレが気になるという声も。

そこでここでは、BBクリームを上手に使いこなす秘策を伝授します。いちばんのコツは、一般的なファンデより少量で仕上げること。

これで、春夏の肌にも快適な仕上がりに。

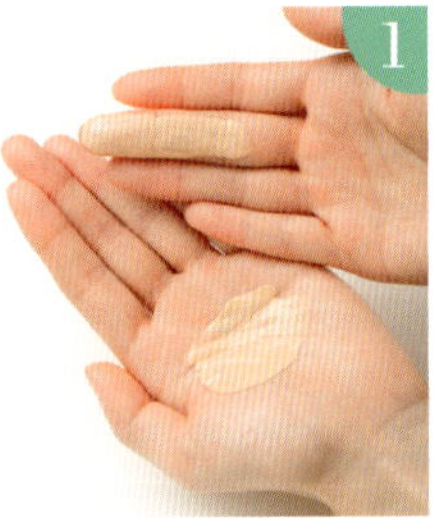

⅓の量で

保湿やコンシーラーも兼ねたBBクリームは、油分が多くカバー力も高め。いつものファンデの⅓量で充分。

自然な「減厚塗り」を

ここからは通常のリキッドと同じ。中指で頬の面にのばし、薬指で輪郭へ向けて自然に薄くなるようなじませて。

油分をスポンジオフ

指でのばしたすじムラをならすように、スポンジで肌を軽くたたきます。これで余分な油分も取れ、密着感も倍増です。

!!! お悩み解決
肌の悩み

Trouble

パウダリーだと厚塗り感が出ちゃう

Solution

カバー力のあるパウダリーは「ブラシづけ」で素肌っぽく仕上がる

細部のみスポンジ仕上げでキレイに差をつけて

カバー力で選ぶならパウダリー。かつてはそういわれるほど粉づきのよさが際立っていたパウダリーですが、技術が進化したいまでは、リキッドより素肌っぽく、シアーに仕上がるアイテムも増えています。

ただ、つける量や塗り方によっては粉っぽさや厚塗り感が出ることも。

そんなテクニックの差を埋めたいなら、パウダリーのブラシづけがおすすめです。

ブラシなら力の加減をしなくても薄く均一に粉をつけることが可能。細部はブラシの先端を使って仕上げましょう。

フェイスブラシで挑戦

1 手の甲で調整してから肌へ

ファンデの上でフェイスブラシをひとまわし。手の甲で、軽く粉含みを調節します。

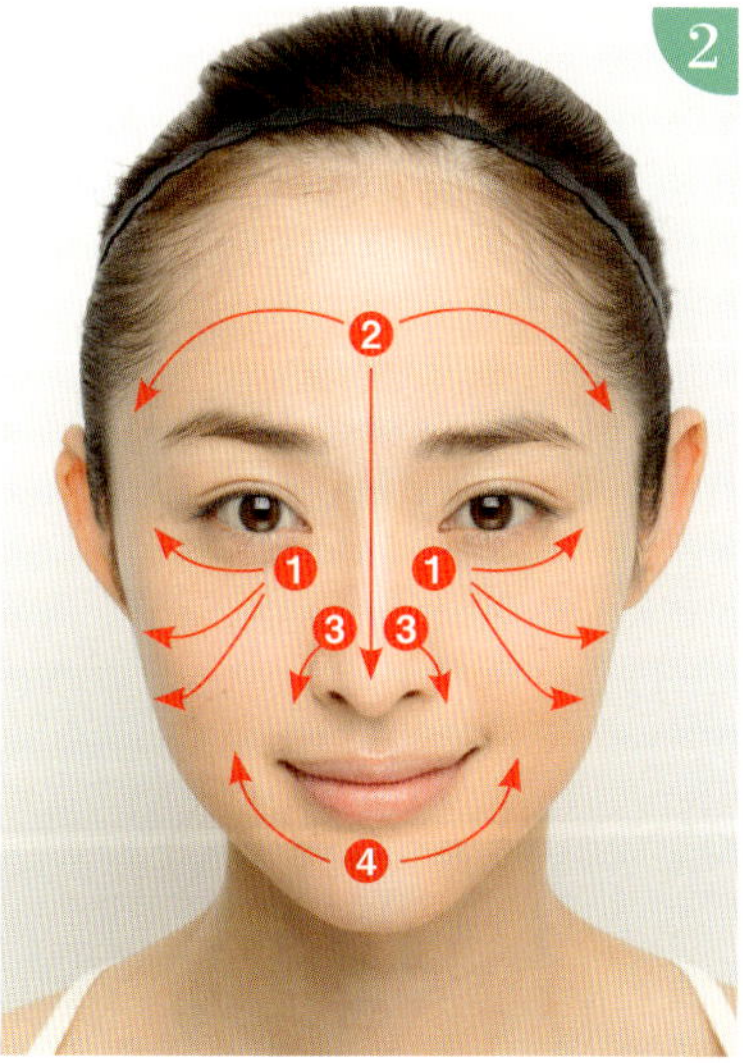

2 広い面から順に

ファンデを塗る順番は、基本的には同じ。まず頬の広い面、額、鼻すじ、小鼻、あごの順に。細部はブラシの先端で仕上げるとキレイです。

!!! お悩み解決
肌の悩み

Trouble

目元がカサついてアイメイクがのらない

Solution

24時間のうるおいアクションでメイクのりのいいまぶたへ

朝と夜、うるおいを使い分けて賢く保湿

目元の乾燥は、目まわりをくすませるだけでなくアイカラーの発色にもかかわる大問題です。そもそも目元は皮膚が薄くとてもデリケート。そのうえ表情の変化やまばたきなどで酷使され、乾燥のしやすさはトップクラスです。

こんな特別な目元には、専用ケアが必須ですが、もう一つ大事なことがあります。

それが、適度なうるおいの補給。まぶたには、皮脂腺が少ないため、意識的なケアで補う必要があるのです。ただし、日中のメイクの邪魔をしないように朝晩の使い分けも大切。

ここではそんなケア方法をお教えします。

Night 夜のクリーム

ノーメイクの睡眠時は、保湿成分をたっぷり補う濃厚クリームの集中ケアで、手厚く保護を。目尻からぐるりと円を描くようになじませましょう。

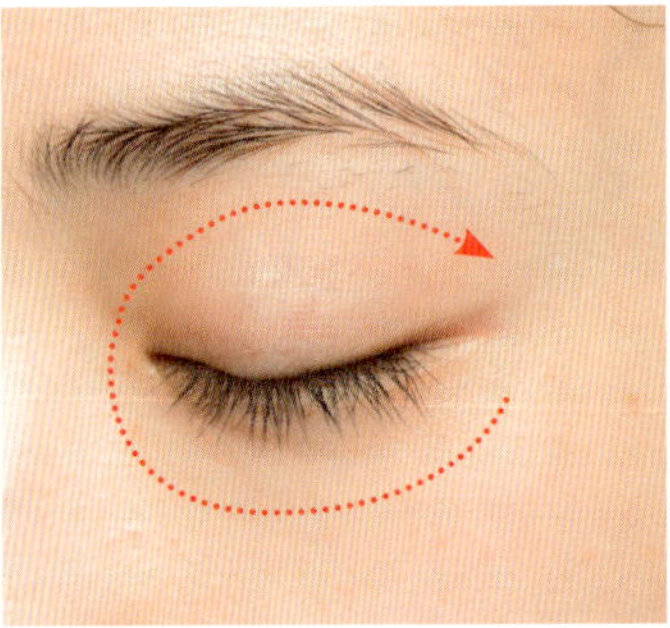

Day 朝の美容液

朝のメイク前は、浸透性が高く、油分のベタつきが残りにくい美容液が適任。透明感を呼びさますホワイトニングケアなら、明るさも復活します。

!!! お悩み解決
肌の悩み

Trouble

まぶたがくすんでアイメイクが映えない

Solution

透明感のないまぶたは2ステップでぐっと輝く

専用ベースを活用しつつワンランク上の仕上がりに

どことなく表情まで暗く見える、目元のくすみ。アイメイクの落とし残しや色素沈着、血行不良なども主な原因ですが、アイカラーの発色にも影を落とす、やっかいな存在です。

そんなまぶたのためにあるのが、「アイベース」というメイクアイテム。動きが多く皮膚の薄い目元をカバーして、発色がよくなります。

また、淡いピンクベージュ系のアイカラーをベースに敷くのも◎。なぜピンクかというと、グレーがかっているくすみが明るくカバーされるから。

色の力を活用すると、透明感が高まります。

アイベースで色ノリアップ

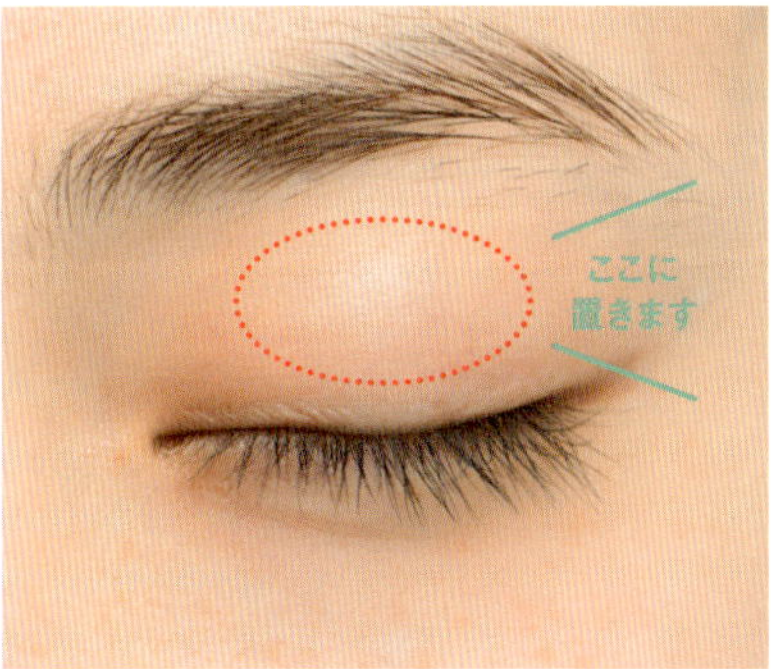

ベースの厚みにムラが出てはヨレの原因に。まず隠したい広さの6割相当に薄くのせて、広げます。

ピンクベージュで透明感アップ

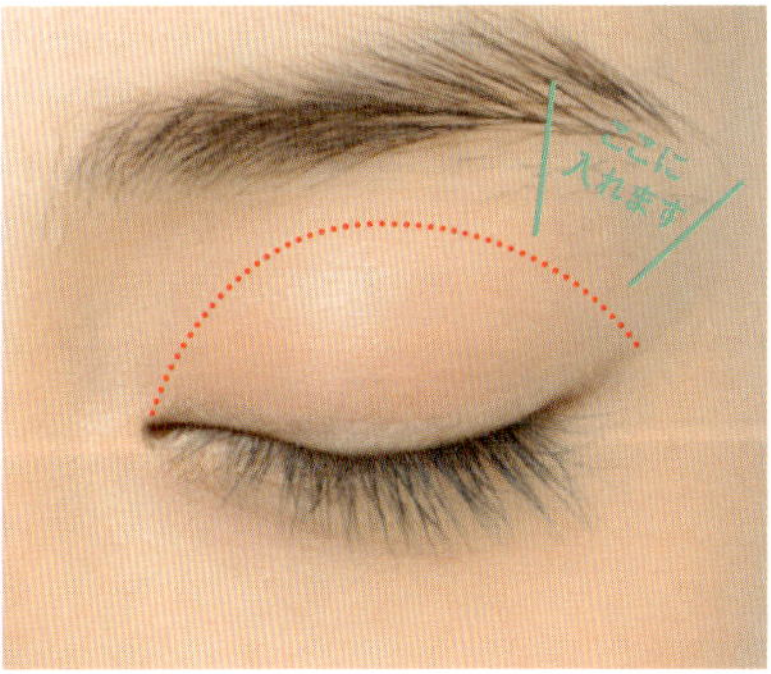

こんな色!

くすみのカバーには、パレット最下段のような淡いピンクベージュが適任。アイホールにふわりと入れて。

!!! お悩み解決
肌の悩み

Trouble

まぶたのたるみが気になる

Solution

瞳ぱっちりのツボおしでたるみもピン！と復活

指圧刺激で目元をいっきに活性化

疲れ目のせいか、睡眠不足のせいか、どうも目がぱっちり開かない……。目のまわりでは、血流の悪化や表情筋のこりなどが起こっていることが多いもの。

そこで、気づいたときにサッとできる、目元活性指圧をご紹介します。

目のまわりには細かい毛細血管がたくさん走っています。この血流を瞬間的にせき止めて離すと、ポンプのようにどっと血液が流れて、代謝が活性化。これで、瞳もぱっちりと見えてきます。

目の上の骨をおし上げる

はじめに眉頭下のくぼみに親指をあてて、骨をゆっくりおし上げます。3秒おして離す。これを3回ずつ。

筋肉を刺激

続いて眉を支える表情筋にアプローチ。眉下に人さし指をあて、眉全体をぐっとおし上げます。3秒指圧×3回。

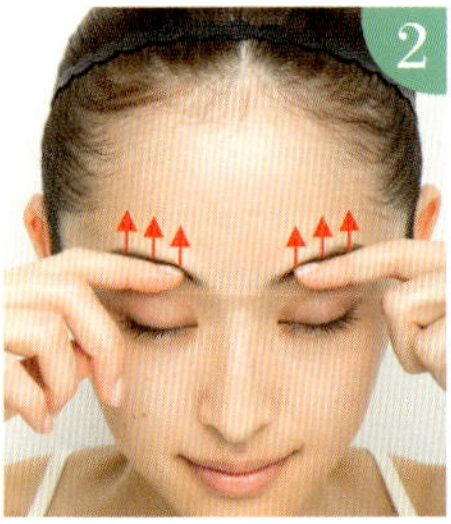

仕上げのプレス

仕上げに、目のまわりを指の腹で軽くプレスして血行をうながし、指圧終了。これで重たいまぶたもぱっちりと。

Trouble

唇があれてガサガサ…

Solution

綿棒ゴマージュで皮ムケ唇をつるんと再生

バスタイムの蒸気をホット綿棒で瞬間再現

肌より敏感で、乾燥を感じやすい唇。日常的に保湿をしていても、不意のヒビ割れやカサつきに襲われることもありますね。

そんなときの応急処置は、まず水分を与えて蒸らし、かたくなった唇の角層をふやかすこと。ここではそんな3分テクをご紹介します。

もとより、唇は構造上、肌色の皮膚よりずっと角層が薄く、うるおいをつくり出す皮脂腺や、汗腺もないところ。なめたり手で触れたりするクセも、あれの一因になることを忘れずに。口紅やグロスをうるおうタイプにしてみるなど、いままで以上の保湿対策を徹底しましょう。

ホット綿棒で蒸らす

80～90℃のお湯に綿棒を浸し、熱さを確かめながら唇にオン。綿棒を転がし、唇を蒸らしながら余分な皮をからめ取ります。

※やけどに注意しましょう。

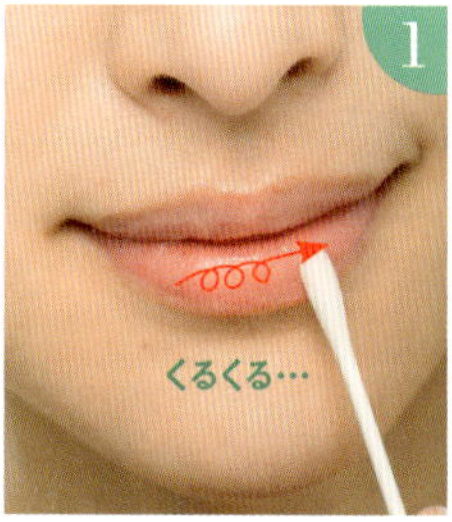

リップで保湿

なめらかになった唇は、うるおいも浸透しやすい状態。リップクリームをたっぷり塗り、うるおいの膜でガードしましょう。

3分ラップ

保湿成分をしっかり浸透させるため、小さくカットしたラップで唇をパック。3分ほどで、唇がしっとり復活!

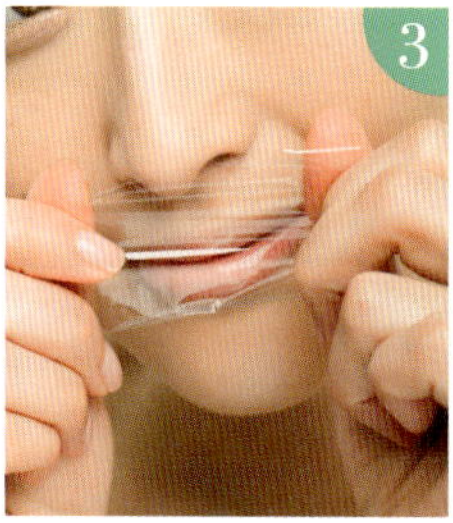

Trouble

眉がすぐに消えてしまう

Solution

メイク時の油分カットで午後の〝麻呂眉〟化を回避

意外な皮脂のたまり場「眉中」がポイントだった

朝、きちんと描いて出かけたのに、ふと鏡を見たら眉尻が消えている！　女性ならだれしも経験がありますよね。

眉が消えてしまう主な原因は油分。油分というのは、主に乳液やファンデーションなどに含まれる油分と、自分の皮脂をさします。この油分を朝のメイク時にオフすること、油分を吸収させるために粉をはたいておくこと。この２つが落ちにくい眉のポイントなのです。

このひと手間で、眉は格段に取れにくくなります。

Point 1 眉描き前 眉中の油分をぬぐう

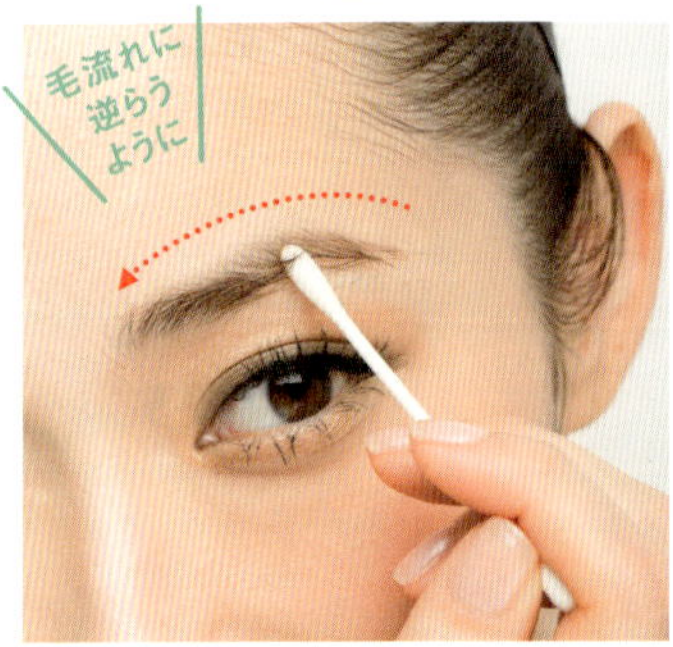

眉の中には、保湿ケアやファンデなどの油分がたまりがち。これが眉落ちの一因。濡らした綿棒で毛の流れに逆らうように眉中を軽くこすります。

Point 2 眉描き後 眉毛をフィックス

いつものように眉を描き、落ちやすいアイブロウを定着させるひと手間をプラス。フェイスパウダーをパフに薄くなじませ、眉尻の上からそっとおさえます。

!!! お悩み解決
肌の悩み

Trouble

目の下のメイク落ちが悩み

Solution

摩擦にじみを防いでくり返す「パンダ目」と決別

落ちるのは「過剰」が原因 先まわりして除くが勝ち

午後によくある光景といえば、目の下のメイク落ちです。

まず、使うアイテムを色落ちしにくいウォータープルーフタイプに変えることでもかなり改善されますが、それでも落ちるという人にはさらにもうひと技。

そもそもパンダ目になる原因は、マスカラやアイラインの顔料が下まぶたとこすれて落ちること。この顔料のにじみを防ぐために、アイシャドウやパウダーで目の下をガードしたり、過剰についたアイライナーを取ったりしておきましょう。

Point 1 涙袋にパウダーをオン

パンダ目の原因の一つは、目の下の油分。まつ毛に触れやすい目の下の涙袋には、パウダリーやパウダーアイカラーなどのお粉をキワまでのせてガードしましょう。

Point 2 アイライナーをオフ

まつ毛の根元にはアイライナーがたまりやすく、これもパンダ目の原因に。2本の綿棒でまつ毛の根元をはさむように、過剰についている分をこすり取ります。

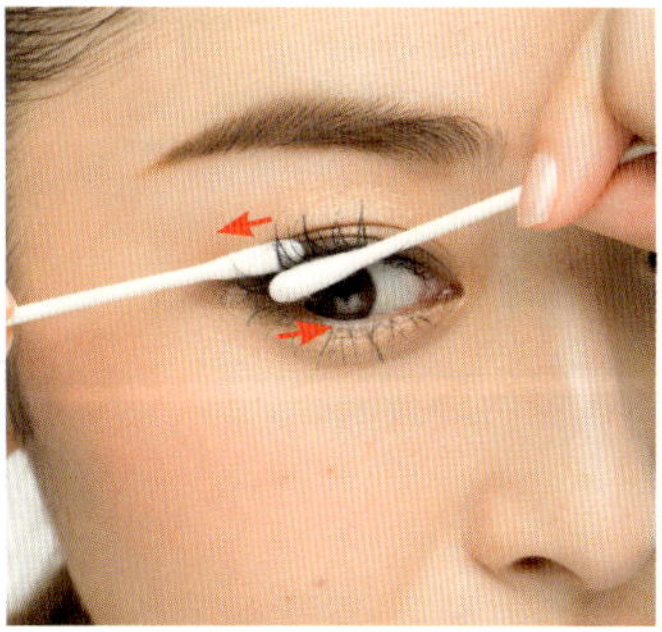

!!!

お悩み解決

Troubles and Solutions

2

目・鼻・顔型…パーツの悩みを解消したい

「目がつり目ぎみ」「鼻が丸い」など、だれでも一つは、いつも鏡を見るたびに気になってしまうパーツ悩みがあるのではないでしょうか。

悩みを隠したいからと、メイクグッズをあれこれ試してみたり、やりすぎて逆に目立たせてしまったりしたこともあることでしょう。でも、じつは意外とシンプルな方法でカバーできてしまう悩みも多いのです。

ニュートラルメイクで基本の美人顔を習得していれば、人それぞれ違った顔の造形コンプレックスを解消するのも簡単。もっとメイクを楽しむコツもご紹介します。

気になる部分はうまくカバーし、気に入っている部分はもっと際立たせるというメリハリが、いままでにないあなたの魅力を演出してくれるはずです。

Trouble

丸い鼻をシャープに見せたい

Solution

丸鼻も大きめの鼻も光と影ですっきり小さく

シェーディングとハイライトの二刀流で、視覚を分散させて

鼻が丸い、大きいと悩んでいる人も、鼻全体が大きいというよりは、小鼻が横に張り出してそう見えていることが多いもの。

つまり、この張り出しが攻略ポイント。鼻の頭をよく見ると、そこを頂点に、高さが変わる段差は2か所(下図参照)。この段差の影を、ダークベージュのシェードカラーで少し濃くするだけで、鼻先がぐっと締まるのです。

また顔の中心にある鼻は、とかく人の目に留まりやすい部分。それを計算して、ハイライトで鼻すじを通し、立体的に見せるのも手です。まずは失敗しにくいハイライトから試して。

鼻すじハイライトで

ハイライトは、眉間から鼻すじの中央まで。小鼻先端を除いた顔のセンターに凸感を出すと、鼻すじが前に出てくる印象に。

パーリーベージュやホワイトを選んで
肌色より2トーンくらい暗い色を選んで
段差は2か所

小鼻シェーディングで

シェーディングの基本は、立体感の影を、実際よりもほんの少しだけ強調して見せること。入れていることがわかっては×。

!!! お悩み解決
パーツの悩み

Trouble

タレ目、つり目が気になる

Solution

ちょっとしたテクニックで印象をやわらげる

キュートにもクールにも! 目元のバランス学

「こんな顔になりたい」と憧れる顔は、だれにもあるものですが、なかでも変身願望の強いパーツといえば、目。

実際、プロのメイクでは細かいテクニックを重ねて印象を変えていきますが、シンプルな1ステップでも、パッと見の「タレ目っぽさ」「つり目っぽさ」は緩和できるのです。

ポイントは下まぶたの目尻から⅓に明暗フレームをつくること。タレ目なら明るいハイライトカラー、つり目ならダークな影色を使うことで印象がぐっとやわらぎます。

つり目をやさしく

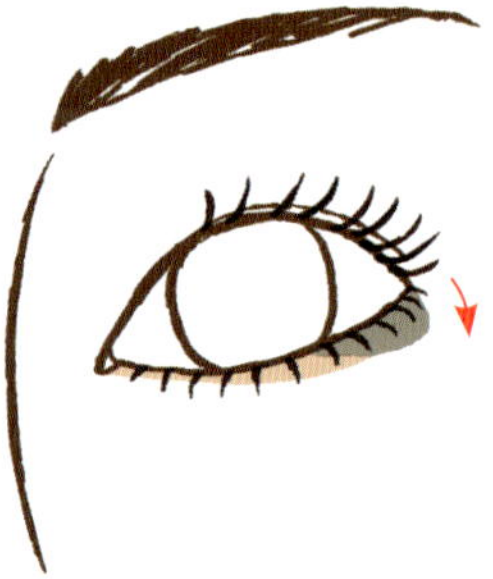

目尻下に影を差す

目尻のラインを下向きにして、つり目をやわらかく。下まぶたの目尻から⅓に細チップの幅で影色をのせ、奥行きを出します。目尻ほど太めに入れるのがコツ。

タレ目を涼しげに

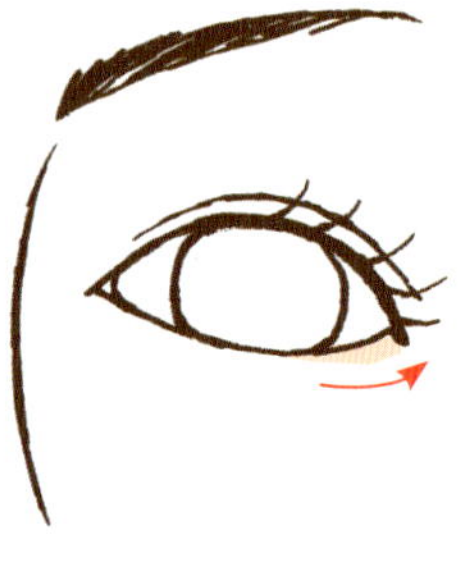

目尻下に光を忍ばせる

下まぶたの目尻から⅓に、肌なじみのいい微細なパールベージュを。この部分が光を受けたときに盛り上がって見えることで、目尻がキュッとリフトアップ。

お悩み解決
パーツの悩み

Trouble

目元をもっと立体的に見せたい

Solution

平たいまぶたを激変させる 3Dグラデテクニック

「横グラデ」という新発想で立体感がアップ

人さし指、中指、薬指の3本の指先を、軽くまぶたに押しあててみてください。

まぶたが眼球の形にあわせて、丸く立体的にラウンドしているのがわかりますよね。

たとえばこの眼球の盛り上がりを〝山〟とした場合、下の写真の〝光〟の部分は山頂、〝影〟の部分は傾斜になります。立体感を出すにはこの山頂部分に光をより強くあて、傾斜の部分の影をより濃くする横のグラデーションが効果的。上から下に向かって色が濃くなる縦のグラデーションにこれを加えれば最強です。

横グラデも意識して立体的に

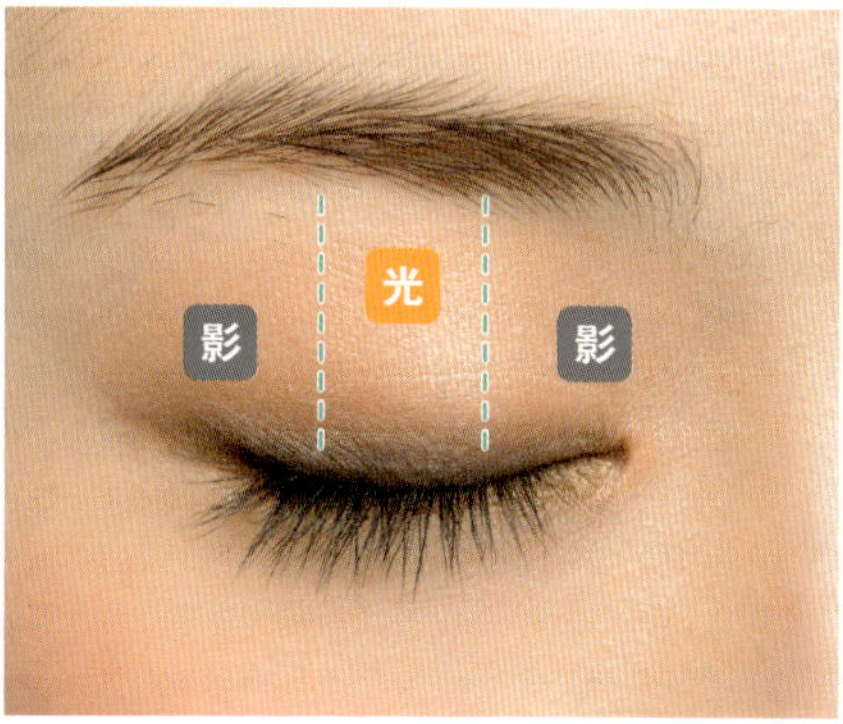

影 丸みのカーブ部分にあたる目頭、目尻の両サイドは、より深く陰影をつけましょう。

光 まぶたでいちばん明るいのは瞳の上。パール入りのハイライトカラーを指先でトンとのせ、強調しましょう。

!!! お悩み解決
パーツの悩み

Trouble

つけまつ毛を使ってみたいんだけど…

Solution

まず3つにカットするとはじめてでも自然になじむ

「目尻だけ」から始めて感覚をつかむと慣れてくる

瞳をぱっちり見せられることはわかっていても、はじめてのつけまつ毛は不安なもの。

ここではそんな初心者でも安心の、基本のつけ方を、順を追って見ていきましょう。

ポイントは、思い切って3つに分割すること。これなら、市販のものも自分の目の幅にぴったりあわせられます。また、カーブがあわず、つけているうちに目頭のほうだけはがれてくる、という事態も避けられるのです。

まずは目尻だけから始めて、そこから感覚をつかんでみてください。結婚式やパーティーなどのときには、フルレングスにもぜひ挑戦を。

ここが大事!

つけまつ毛を3つにカット

フルレングスのつけまつ毛は、最初にカットしておくと扱いやすくなります。だいたい3等分になるように、根元の芯の部分にハサミをあてて、そのままカット。ただし芯がかたいものだと、まぶたのカーブにあわせにくいので、根元をもんでやわらかくしておきましょう。

目尻だけでもOK! つけまつ毛を完全攻略

まず、仕上がりを把握するために仮置きをします。ここでつける位置を確認し、目の幅にあった長さに調整しましょう。つけまつ毛の装着手順は、仮置き、接着、マスカラでなじませる、の3段階。まずは目尻だけにつけることから慣れていきましょう。

完成!

目尻つけま

フルつけまの場合はこうなる

1

目尻に仮置き

まず目尻部分の根元にあわせて1つ仮置きします。

2

接着剤をつける

芯に均一に接着剤をつけます。

3

根元でキープ

まつ毛の根元につけて、落ち着くまで指で固定します。

4

マスカラでなじませる

最後に地毛となじませるため、根元からマスカラを。

フルつけまの場合も、
同じ手順でつければ
大丈夫です

お悩み解決
パーツの悩み

Trouble

濃い色の口紅を使いこなしたい

Solution

塗り方一つで別印象！口紅使い分けマニュアル

カジュアル&フォーマルに赤リップで印象チェンジ

グロスブームがやってきたり、口紅人気が戻ったり、どちらの利点もあるグロスルージュがもてはやされたり。時代によってリップメイクの流行も、めまぐるしく変化します。ただ、どんな流行がやってきても、口紅のベーシックな塗り方は変わりません。でも塗り方一つで、色の表情ががらりと変わるのも事実。

そこでここでは、人気の赤リップを使って、1色をシーンによって使い分ける塗り方のコツをレクチャーします。ほかの濃い色リップも、同じように活用してみてください。

教えて！尾花さん

Q 濃い色の口紅って、つけたいけど派手になっちゃう気がする…

A そんなときは、メイクの順番を変えて、最初に、つけたい口紅を塗ってみてください。なぜなら最後に塗ると、ほかのパーツとのバランスがちぐはぐになることがあるから。先に唇に強い血色を入れると、チークの発色や目元の強さ、ベースメイクの仕上がり感などのバランスもとりやすくなります。考え方としては、たとえば全体の仕上がりを10としたときに、「1：1：8＝目：頬：唇くらいの割合で、アイメイクやチークを少し弱めにしよう」などと計算することで抜け感が出ます。顔全体のバランスがとれれば、濃い色もおしゃれにつけこなせますよ。

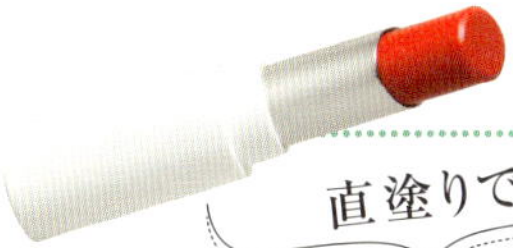

赤リップで挑戦！

直塗りで フォーマルに

フォーマル仕立ての唇は、輪郭の美しさが勝負。口紅の形状をうまく使えばキレイに描けます。

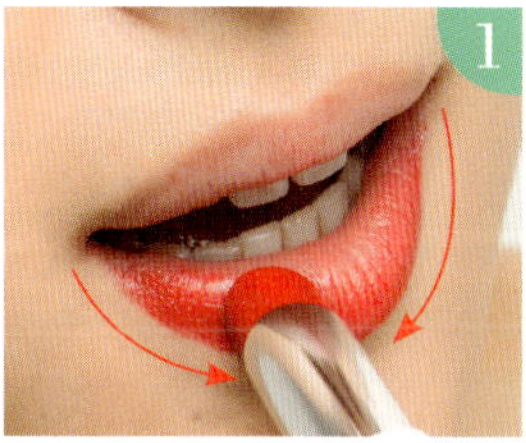

口角から中央へ

リップの縁と輪郭をあわせ、両側から中央へ。

山は丸めに

山は片側ずつ。外から内へ引いて、つなげます。

ラインをつなげる

上唇の口角を取りながら、輪郭を仕上げます。

完成！

リップラインの美しさが、成功のカギです。

ブラシで シアーに

まずは赤リップをカジュアルに。ブラシを上手に使いましょう。

ブラシに取る

まず口紅をブラシに取ります。

中央から放射状に

下唇の中央に色をのせ、輪郭へ向けてのばして。

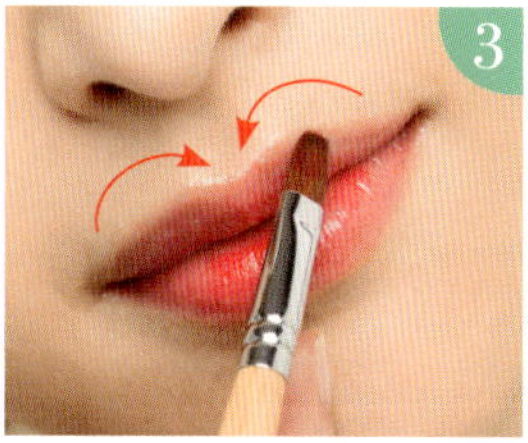

山は最後に

輪郭の縁取りは最後に。ブラシに残った少量で。

完成！

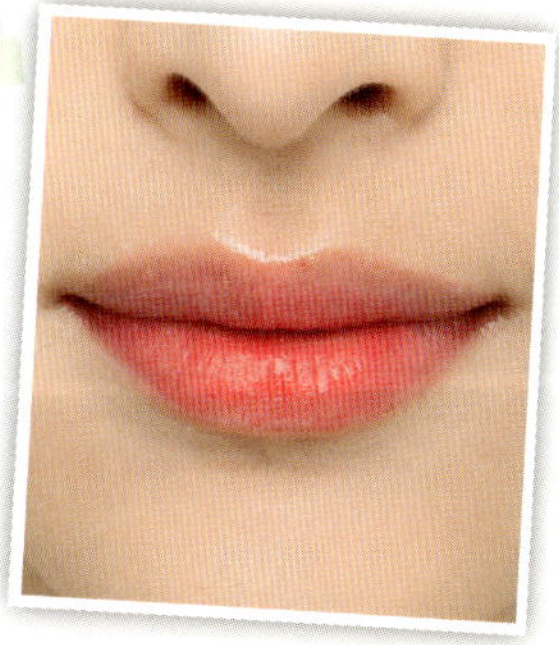

輪郭ほど色がなじんだ、カジュアルリップに。

!!! お悩み解決 パーツの悩み

Trouble ▼

眉が下がって間のびした感じ…

Solution ▼

「眉山スライド」で締まりのあるキリッとした顔に

年齢をカバーする3㎜移動の眉山スライド

顔の印象は、年齢を重ねるごとに少しずつ変わっていきます。重力に引っぱられ、全体的に重心が下がってくるのです。

なかでも、目視ではなかなか気づきにくいのが眉。眉上の表情筋の衰えなどにより、眉山も輪郭のたるみとともに少しだけ外側へ引っぱられているわけです。

じつは、年齢とともに目力が弱まるのはこれも一因。ここでは、この眉山をほんの少しだけもとへ戻す、㊙若返りメイクをご紹介します。ポイントは、3㎜の眉山スライド。目元にキュッと力が戻るのを実感してください。

3mm内側にずらせば、凛とした眉に

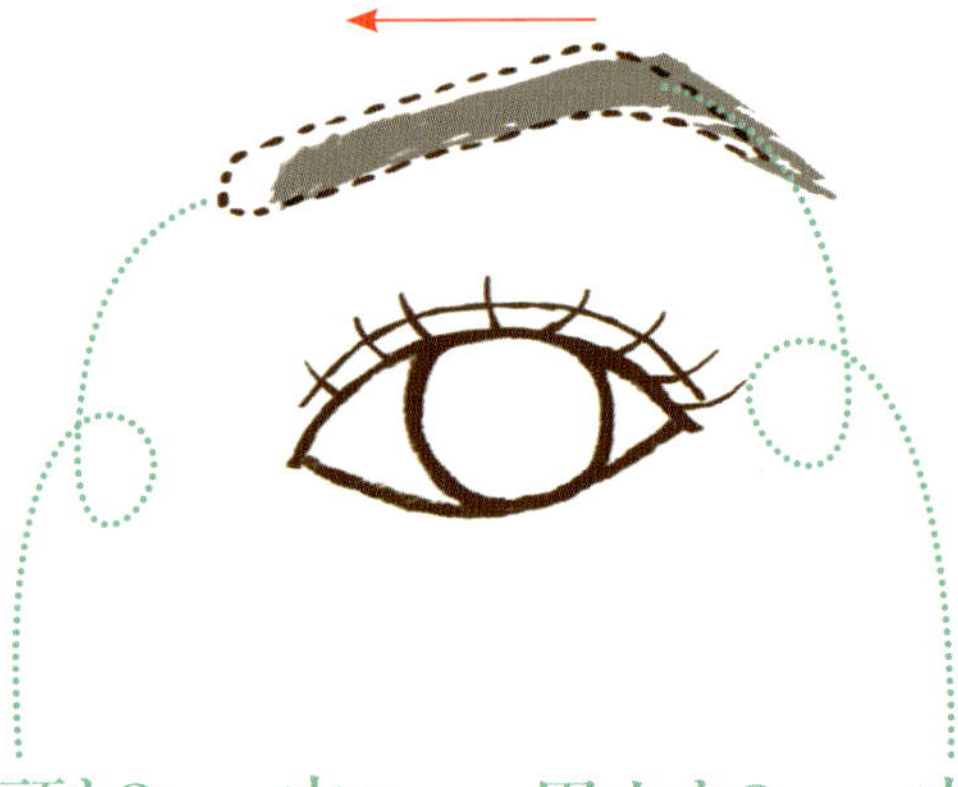

目頭も3mm内へ

眉山を少しだけ内側にスライドさせたら、眉頭も同じだけ内側へ。これで全体のバランスをくずさずに眉位置を変えることができます。注意すべきは眉頭のトーン。濃くしすぎると不自然になるので、眉パウダーなどでほんのり、が基本です。

眉山を3mm内へ

黒目の端から目尻までの横幅は、だいたい1cm前後。この範囲内に眉山が収まっているとバランスよく見えます。ただし、年齢とともに眉山も外側へ……。不自然にならない程度の、3mmほど内側へ山を取ることで印象も若々しく。

!!! お悩み解決
パーツの悩み

Trouble

面長を何とかしたい

Solution

長さをキュッと縮める視覚マジックで理想の顔型へ

肌色の「余白」を減らせば長さはやわらぐ

面長の攻略ポイントは、顔を縦長に見せている目から下のゾーン。ここの面積を狭く見せることで、印象はかなり変わってきます。

そのためにはまず、チークの入れ方を変えること。横長に入れると、余計に頬の縦幅が目立ってしまうので、頬のサイズにあわせて、少し縦長に。これで肌色の余白が減って、頬がキュッと縮んで見えるのです。

また、目とチークまでの余白にもひと工夫。下まぶたにマスカラを入れるなどアイメイクをすることで目に縦幅が出るので、より長さがやわらぎます。

肌色の「余白」を埋めて卵形に！

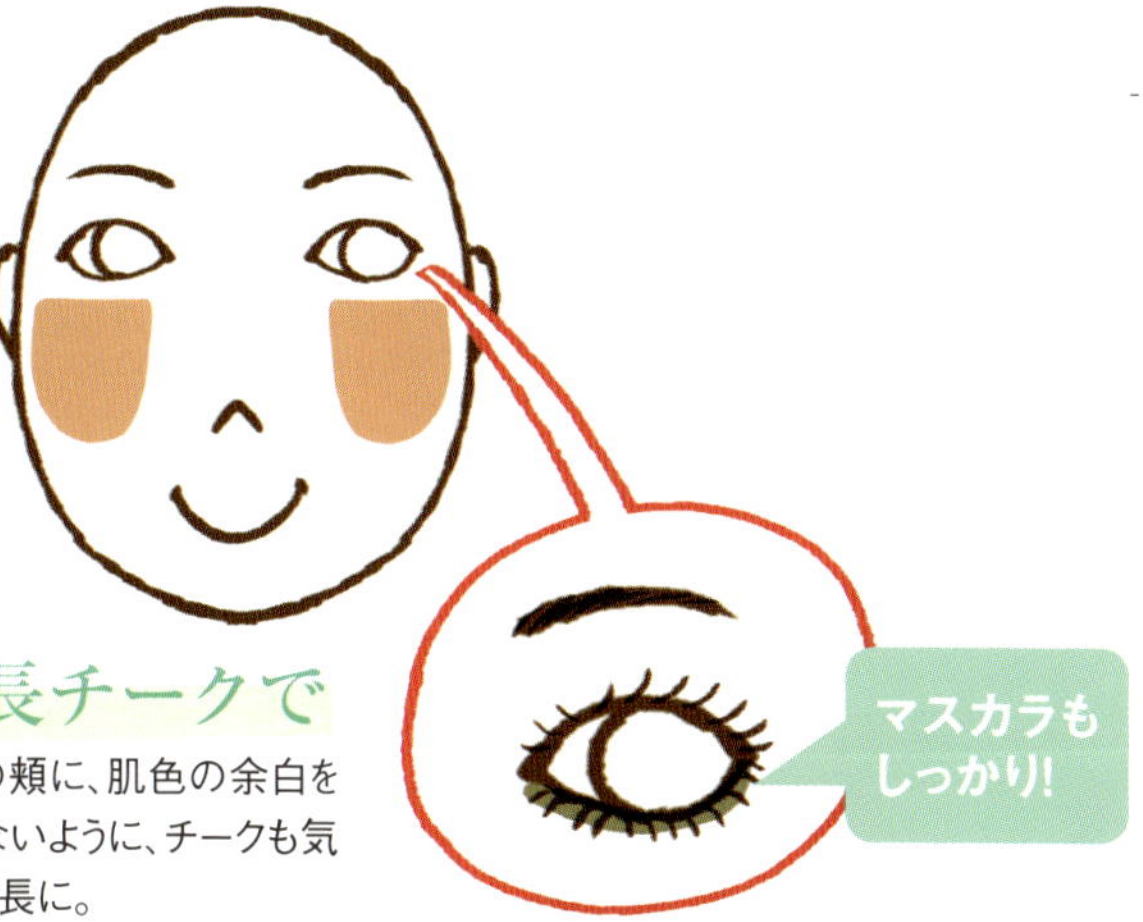

縦長チークで

縦長の頬に、肌色の余白をつくらないように、チークも気持ち縦長に。

+下まぶたメイクも

目と頬の距離を縮めるプラス技は下まぶたメイク。目の下の涙袋にもアイカラーを入れ、マスカラで下へ長さを出しましょう。

Trouble

丸顔をもっとシャープに見せたい

Solution

縦長シルエットを目標に 中央高の演出を

影と立体感の演出が、大人顔への布石

丸顔をシャープに見せるいちばん効果的な方法は、顔の立体感を強調すること。まず、ハイライトを鼻すじとあごに入れ、顔の中央を高く見せることで顔に奥行きを出します。

次に、頬骨の下に淡く影を入れると、頬にも立体感がプラスされるのです。このとき、肌より2トーン暗いパウダリーファンデを選ぶのがポイント。自然な陰影がつくれます。

また、髪型の効果も捨てがたいもの。Ｐａｒｔ２のヘアのページを参考に、顔まわりの髪型を工夫するのもおすすめです。

立体感を出して、卵形の輪郭に

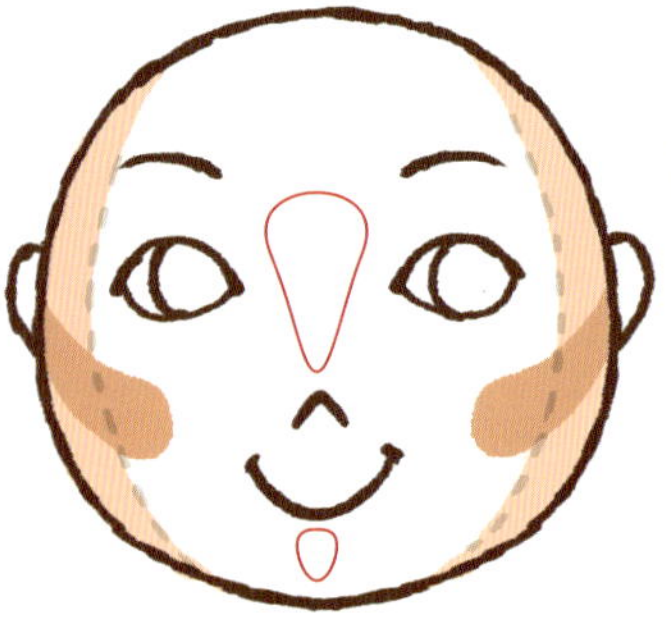

中央高を意識

顔の中央にハイライト、頬骨の下に影を入れることで立体感を。高度な技ですが、首との境目を自然になじませられるなら、側面のシェーディングをしても。

＋髪型で顔型操作

右の写真は丸みを帯びた印象ですが、左のようにまっすぐの分け目を入れると、縦のラインが生まれ、丸顔感は薄れます。くわしくはP177で。

!!! お悩み解決
パーツの悩み

Trouble

メリハリのある外国人顔になりたい

Solution

骨格をデザインするツヤとマットのハイライト

質感を操ってめざすは美人の骨格！

彫りが深く、鼻すじもスッと通った欧米人に憧れて、もっとメリハリ顔になりたいという方も近年増えています。

そこで効果的なのが、ハイライト。ここまでのお悩み対策でも、ハイライト使いは随所に登場しましたが、今回は総決算。

肌のあらゆる箇所の立体感を引き出すには「ツヤ」と「マット」の使い分けが効果的です。

マット系ホワイトは高さを出したいところに使うと自然に光を集め、パーリー系ホワイトならつややかな透明感を出したいところに使うのが有効です。

マットとツヤの使い分けがコツ

顔の側面にハイライトを入れると、膨張して見えることがあります。顔のカーブラインより内側に、が鉄則。

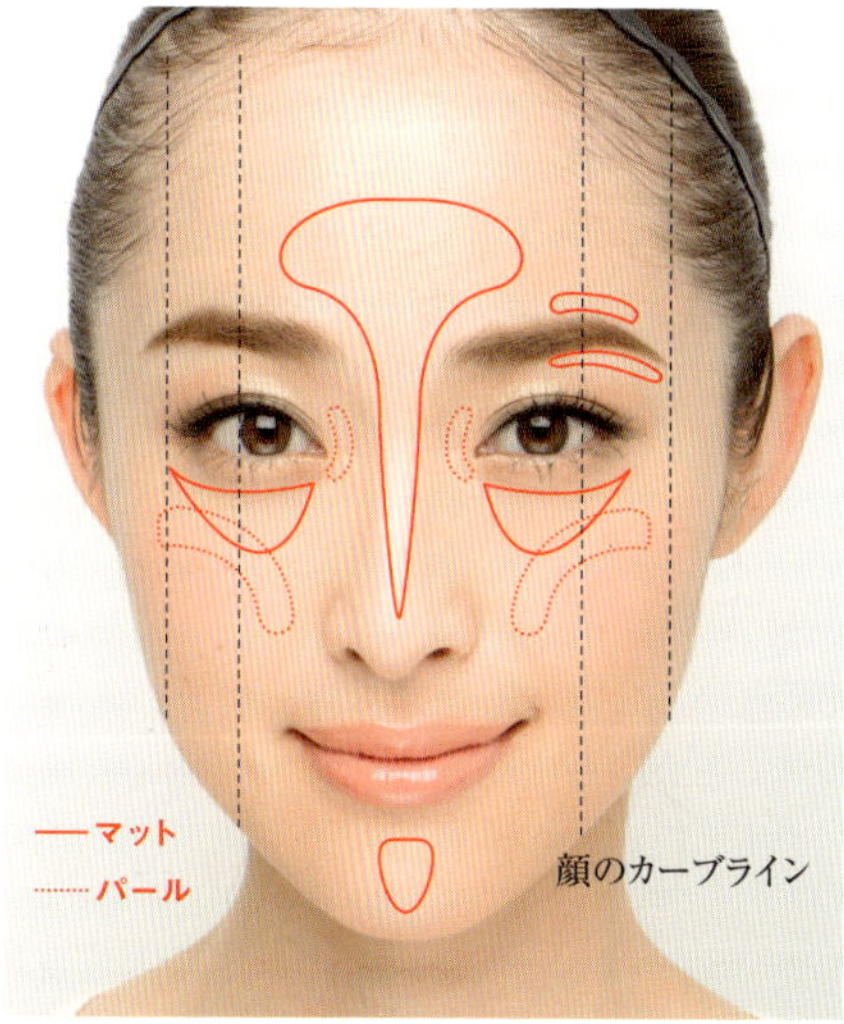

ツヤ効果

パーリーホワイトなどのツヤ系は、つややかな透明感を引き出します。すっぴんでもほんのりツヤのある頬や目頭に入れて。

マット効果

肌色のトーンをほんのり上げることで、高さやキメ細かさを演出します。眉山の上下など、細かいところの骨格も際立ちます。

メイクにまつわる なんでもQ&A

メイクについての、いままで聞けなかったことや、素朴な疑問にお答えしていきます。

Q 鮮やかな色のアイシャドウ。自分でつけると顔から浮いてしまう…。どうしたら使いこなせますか？

A いきなり、使い慣れていない鮮やかな色を単品で使うのではなく、ブラウン系のアイシャドウと組み合わせて使ってみましょう。

そもそもブラウンは黄みが入っている分肌なじみがよく、まぶたのキワの締め色としても、肌色とのつなぎ役としても、とても優秀なのです。

具体的には、本書のP68～でも紹介している「中間色」の範囲に、鮮やかな色を入れてみて。キワがブラウンで締まっているから、色だけが前に出ず、さりげなくつけこなせます。また、この範囲なら、目を開けているときも色の見え方が強すぎず、ほどよく新鮮な表情が楽しめます。

ほかのつけ方としては、上まぶたはいつものブラウンメイクにし、下まぶたに鮮やかな色を入れるという方法も。つけ慣れない色を使うなら、涙袋などの狭い範囲に入れるのがおすすめです。

Q 自分がどんなメイクをすればいいのかよくわからない…。

A 自分がどんなふうになりたいのか、と考えるとなかなか難しいですよね。まずは「人から好感をもたれる」という視点からメイクをしてみてはいかがでしょうか？

たとえば、お客様とたくさん会う仕事なら、笑顔が映えるメイク。プレゼンの日は、気持ちが伝わりやすいように、意志をあらわす瞳をより引き立たせるメイク。

「こうなりたい」というイメージをもつことも大切ですが、自分の環境や年齢といった、外的要素から自分の見せ方を決める。このような視点から考えると、また違ったメイクの楽しみ方ができます。

女性はいくつもの顔があったほうが、毎日楽しく過ごせますよね。

Q メイクって、どういう順番で進めていくのがいいの？

A 本書でご紹介している、肌、頬、目元、眉、唇の順にメイクしていくのがおすすめ。なぜならこれが、いちばん顔のバランスをととのえやすいプロセスだから。また、最初にベースメイクをすることで、肌のマイナス情報がなくなり、ニュートラルになるので、その分、顔のチャームポイントが引き立って見えます。だから、パーツメイクへのモチベーションが高まって、気分よくメイクできる、といううれしい効果もあるのです。

Q 毎日使うスポンジやブラシってどんなお手入れが必要？

A メイクするたび肌に触れるスポンジやパフには、雑菌や、ばい菌も当然のように繁殖します。

基本的に、一度使ったらその面は使いません。具体的には、１回のメイクでスポンジの片面½を使う場合、４回使ったら洗いましょう。汚れたまま使うと、ファンデのつき具合にも影響します。

汚れたスポンジは、専用のクリーナーや石けんで洗ってよく乾かしてから使うこと。またアイシャドウのチップも同様です。

ただ、チークなどのブラシ類は洗いすぎると筆のコシがなくなってしまいます。使用後はティッシュなどで粉を払い、３か月くらいをめどに、専用のブラシクリーナーで洗いましょう。

Q 薄くメイクをしたはずなのに、外に出ると厚化粧！ どうして？

A それは、メイクしている部屋と屋外との、光の量の違いではないでしょうか。そもそも色というのは、光によって目に入ってきているもの。太陽を直視できないことからもわかるように、自然光というのは目を開けていられないほど強烈な光です。つまり、自然光の入らない部屋で見ている顔と、自然光にさらされた顔では、見え方がまったく違います。外で見たときにちょうどいい仕上がりになるよう、たとえ曇りの日でも、部屋の中でいちばん明るいところでメイクをするのがおすすめです。
プロは撮影の前に、まずメイクルームの光の量をととのえるところから始めます。光というのは、細部まで映し出すものなので美しい仕上がりには欠かせない要素なのです。

Part 2

ヘア

Hair

すべてのヘアの基礎を知る

「そのサラサラの髪、うらやましい」「えーっ、ふんわりしてるほうがいいよ」。こんな会話を、よく耳にしますよね。人それぞれ髪質が異なるのだから、髪の悩みや憧れるスタイルも十人十色。でも、髪の原理原則は、すべての人に共通しています。

顔の形や体格によって、似合うヘアスタイルは確かに違いますが、前髪のあるなしで印象が変わるように、ある種の法則があるのです。それって、知らなきゃ損だと思いませんか？

ヘア編ではそんな髪にまつわるあらゆる基礎をご紹介します。

正しいヘアケアの仕方や簡単なヘアスタイリング術など、もっと美しい髪、もっと自分を輝かせる髪型へのヒントが、きっと見つかります。

about Beautiful hair

毛髪は「3つの層」でできている

髪のしくみを知ることが一生の美髪につながる

髪の毛が、いったい何から、どうやってできているのかご存じですか？ 「キューティクルなら耳なじみがあるけれど、それ以外は……」という人が多いのでは？ まず構造や特性から髪を理解すれば、適材適所のお手入れができるというもの。たとえば「トリートメントはどこに効かせるもの？」などがわかり、意識できるようになると、アイテム選びもより的確になります。いま知っておけば一生役立つ、髪のしくみを見てみましょう。

まるで〝のり巻き〟のよう

毛髪の三層構造

コルテックス

毛髪の大部分を占め、水となじみやすい性質をもちます。パーマやヘアカラーは、主にこの部分に作用しています。

メデュラ

毛髪中心部の空洞の多いところ。パーマのかかりやすさや、太さにまで深く関係するといわれています。

メラニン色素

コルテックス内にあり、毛髪の色を決定する色素。ヘアカラーはメラニンを分解・脱色しておこなわれます。

キューティクル

毛髪表面を覆う、透明でかたいうろこ状のもの。4～6枚が重なり、外部刺激から髪内部を保護。パーマ剤など薬剤の浸透をさまたげる働きもあります。

髪って何からできているの？

毛髪の構成成分

毛髪の約80％は、複数のアミノ酸から成るタンパク質でできています。じつは皮膚も同じですが、皮膚の主成分はコラーゲンタンパク質、毛髪の主成分はケラチンタンパク質、と種類が異なります。

髪の毛は一日に約０・４㎜のび、頭髪全体でなんと約34ｍ分のケラチンタンパク質が毎日産生されています。すこやかな髪を育てるには、アミノ酸やタンパク質をヘアケア製品からも積極的に摂取することが大事です。

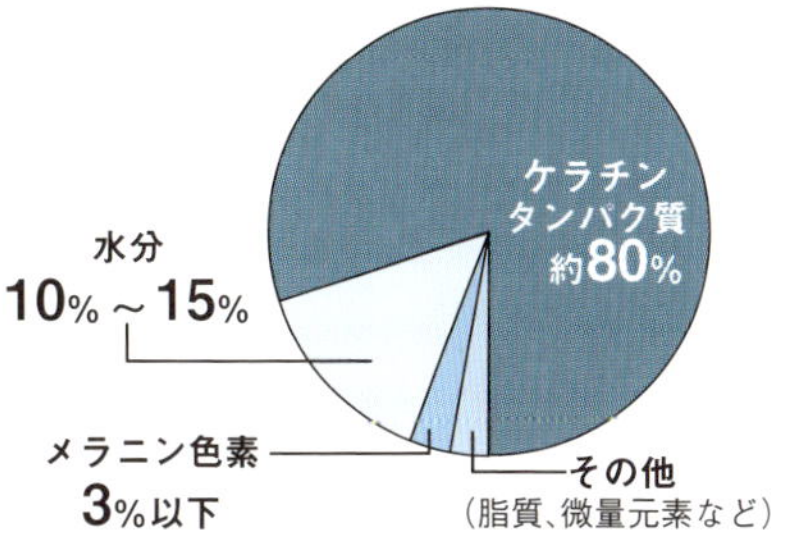
ケラチンタンパク質
約80%
水分
10% ～ 15%
メラニン色素
3%以下
その他
（脂質、微量元素など）

ケラチンタンパク質

ほかのタンパク質にはあまり存在しない、「シスチン」というアミノ酸を多く含んでいるのが特徴。化学薬品に比較的強く、弾力性にも優れている。

水分

乾いているように見える髪も、じつは内部に水分がある。髪がダメージを受けると水分保持力は弱まるが、NMFという天然保湿因子が、水分量を一定に保っている。

メラニン色素

コルテックス内のケラチンタンパク質とまじりあい、髪の色を決定づける要素。主にキューティクルの近くに分布。サイズが大きく、量が多いほど、髪色は黒くなる。

髪の形を決める、主な

毛髪内部の3つの結合

枝毛をイメージするとわかりやすいのですが、髪の毛は縦に裂ける性質があります。それを防ぐかのように、髪の内部には、鎖のような結合が、いくつも横につながっています。

その一つが「水素結合」。たとえば、寝グセは水で濡らしてからブローするとまっすぐになりますよね。これは水素結合を水でゆるめ、ゆるんでいるあいだに新しい形をつくり、乾かして再結合させているから。このように髪はさまざまな結合で支えられているのです。

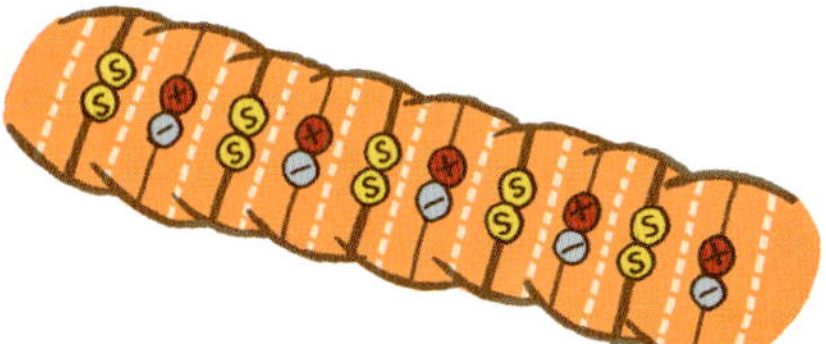

水素結合

水で簡単に切断され、乾燥すると再び結びつく、比較的弱い結合。湿気の多い日にスタイルが決まらないのは、結合が切れて形が自由になるから。

シスチン結合

シスチンという、イオウを含むタンパク質同士の結合。パーマなどの還元剤で切れるが、酸化するともとに戻る。

イオン結合

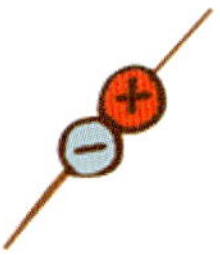

陽（＋）イオンと陰（－）イオンによる結合。弱酸性であるpH4.5 ～ 5.5の範囲を外れて酸性やアルカリに傾くと結合が弱まったり、切断されたりする。

ヘアダメージをもたらす4つの「敵」を知ろう

キューティクルは、ツヤを生み傷みから髪を守る救世主

どんな髪型、髪質の人でも、何よりイヤなのが髪の傷み。よく、健康な髪にするためのトリートメントなどに「キューティクルをととのえる」と書いてありますが、そもそもなぜキューティクルが大事なのでしょう?

まず一つは、毛髪のもっとも表面にあるため、ツヤや手触りのなめらかさに直結するから。そしてもう一つは、外敵から毛髪を守る役割を果たしているからです。キューティクルが乱れてしまうと、その内側にあるコルテックスがあらわになり「マトリックス」というタンパク質が流出。水分保持力が落ちて髪はパサつき、ダメージ毛へまっしぐら。

逆にキューティクルがととのっていれば、外からのさまざまな刺激にも抵抗してくれるので、強い髪でいられるのです。

キューティクルは、厚く密なのが理想の状態。通常その重なりは4~6枚ですが、なかには8枚ある人もいて、反射率が高い分、髪がツヤツヤに見えます。残念ながら日本人の髪は、キューティクルの厚みも密度も低く、ダメージを受けやすい傾向が。まずは4つの敵を避け、キューティクルを守りましょう。

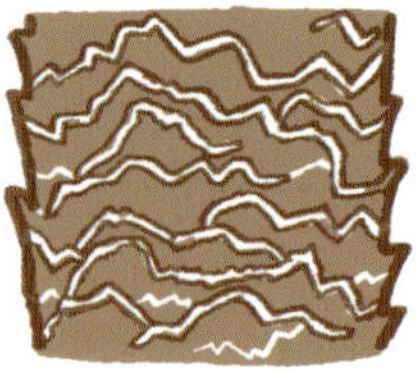

健康毛はキューティクルがキレイに並んでいますが、ダメージ毛はめくれたり剥離したりと表面がザラザラ。ツヤも手触りも悪く、タンパク質も流出し放題です。

日常に潜むさまざまなダメージ要因

物理的要因

敵1

熱

濡れた髪は最弱 少しの熱でもすぐ傷む

毛髪の主成分であるケラチンタンパク質はとても丈夫で、「硬タンパク質」と呼ばれているほど。でも、いくら丈夫とはいっても、やはり限界があります。乾いた状態では180℃、湿った状態では130℃からタンパク質に変性を起こし、さまざまなダメージがあらわれてきます。

髪が水分を含んでいると低温でもダメージを受けやすいので、アイロンなどで濡れた髪をスタイリングするときは温度設定に注意が必要です。

熱で変化した髪の断面図

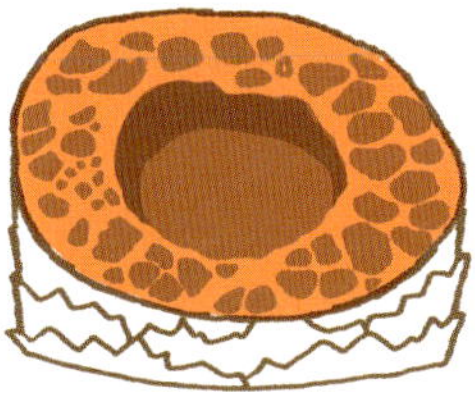

毛髪の中心にぽっかり穴が。その周囲にも空洞ができてコルテックスはスカスカに……。

物理的要因

敵2

摩擦

ブラッシングや寝るときの髪に注意!

上で述べたように、濡れた髪はもっとも弱い状態。髪を乾かさずに寝ると、摩擦でキューティクルがはがれてしまいます。また髪が乾いていても、かたいブラシを使った無理なブラッシングなどは避けましょう。

化学的要因

敵3

ヘアカラー! パーマ

髪を細く、もろくするアルカリの脅威

ヘアカラーやパーマといった化学処理をすると、アルカリ剤の影響でキューティクルが溶け、1回で約0.03㎜髪が細くなるといわれています。施術後の髪はデリケートなので、いつも以上にやさしいケアを。

外的要因

敵4

紫外線

髪表面だけではなく内部にまでおよぶダメージ

皮膚と同じく、毛髪にとっても紫外線は大敵です。キューティクルを構成するタンパク質を変性させ、ダメージが進むと毛髪内部が空洞化。最近は、髪用のサンケア剤も出ているので、予防を徹底しましょう。

クセ毛が傷んで見える理由

クセ毛はうねりがあって光をキレイに反射できないので、直毛ほどツヤが出ず、パサついているように見えてしまいます。また実際、ゆがんでいる部分はブラッシングなどの際に余計な力がかかってしまうので、キューティクルが乱れやすい傾向にあります。

ヘア編

髪

美髪を手に入れるための簡単な本当の方法

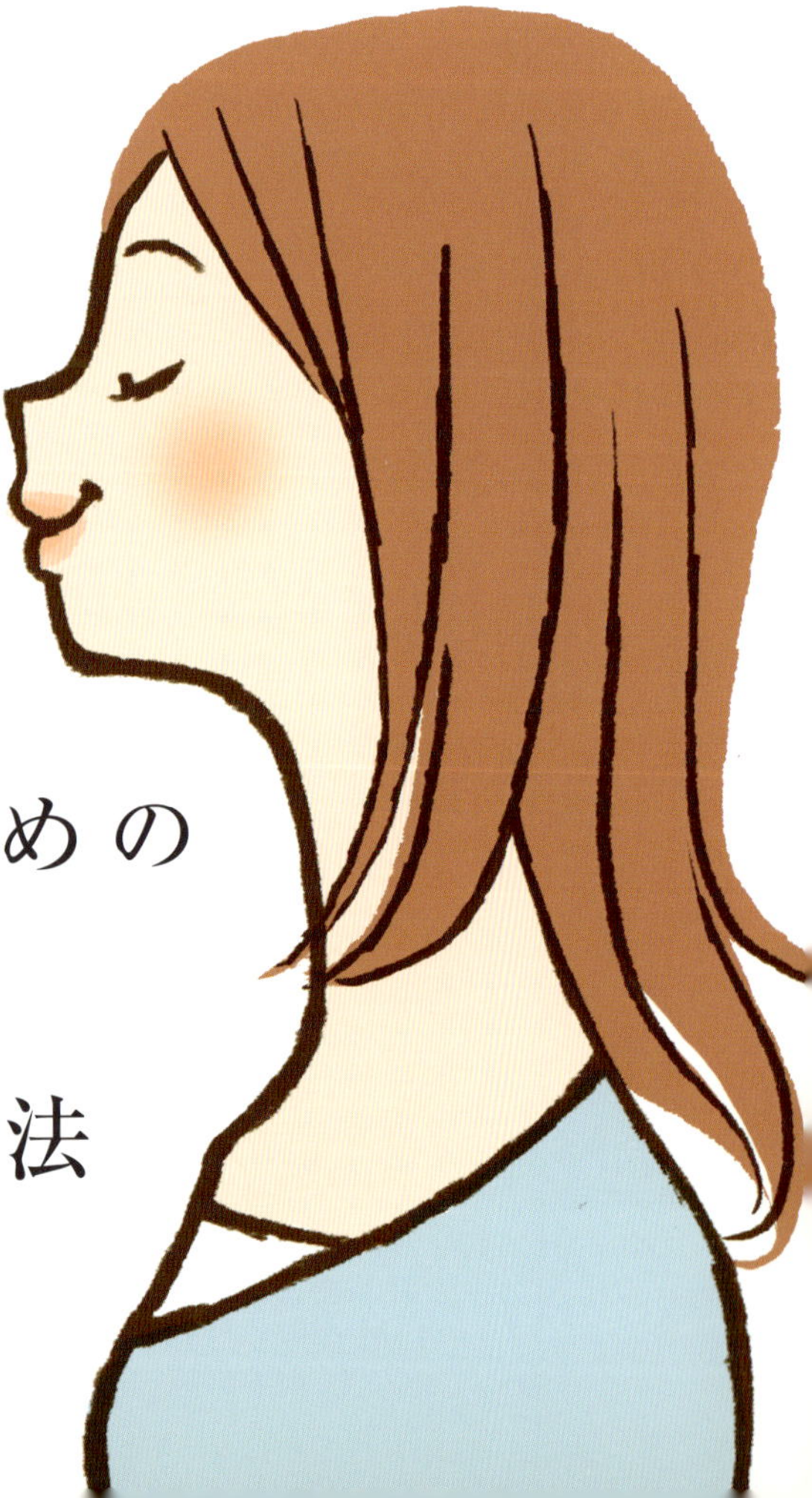

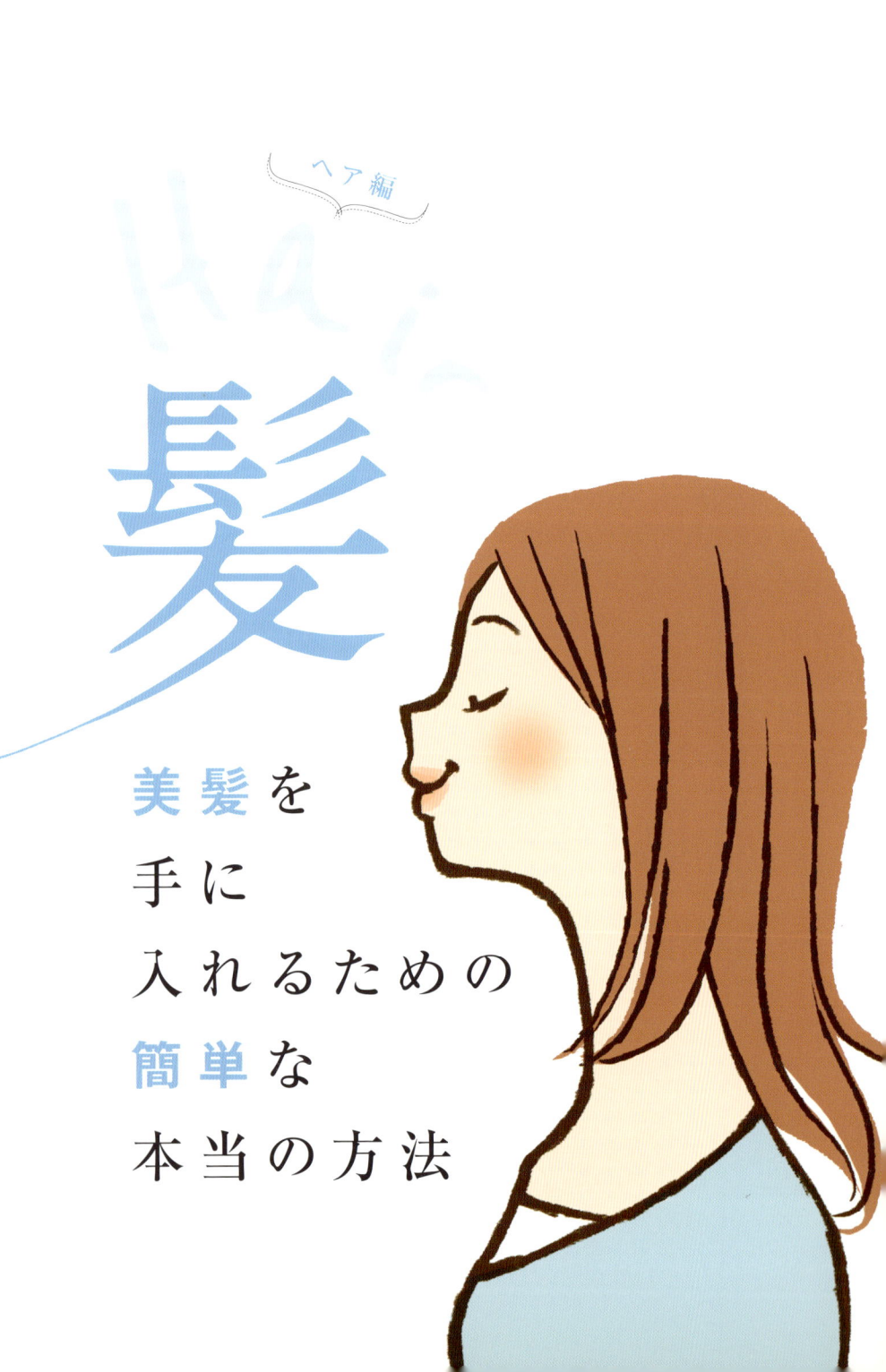

髪は、お手入れしだいで見ちがえる

みなさんは、髪が、じつは死んだ細胞だということをご存じでしょうか。死んだ細胞と聞くと、何も手のほどこしようがないのでは？　と思うかもしれません。確かに、髪は自力で再生できないので、一度傷つくと、自然にもとには戻らないのです。

だからこそ、ダメージを与えない守りのケアが何よりも大切。そして傷んだところには、補修のケアをして、傷を補うことができます。日々の習慣でダメージを蓄積させてしまわないよう、シャンプーやブロー、トリートメントの正しいやり方を、ぜひ知っておきましょう。

もう一つ、髪には大きな利点があります。それは、スタイルを少し変えるだけで顔の印象までがらりと変わること。ここでは、そんなスタイルチェンジの基本もご紹介します。

どれも簡単なことばかりですが、正しくお手入れすれば髪は見ちがえてくるはず。髪が再生しないからといって、あきらめることはありません。髪のキレイを日々更新し、健康的でつややかな髪へ。

ヘアケア編

お金をかけなくても美しい髪がつくれるヘアケアの基本

サロンでの仕事などをとおして、たくさんの人の髪を見て、触れてきました。昔と比べて、みなさん本当にヘアケアへの意識が高く、お金や時間をかけていると感じます。

でも、ダメージで悩んでいる人に話を聞いてみると、シャンプーやブローの仕方が間違っているケースが、意外なことにとても多いのです。トリートメントにしても、よくわからないまま流行りものを使っているという声をよく聞きます。

ここでは、シャンプーやブローの正しい方法、トリートメントが髪のどこにどう作用しているかといった基本をおさらいします。

ヘアプロダクトやケア法など、新しいものに飛びつきたくなる気持ちはわかります。でもその前に、毎日のお手入れ習慣を見直してみて。やみくもにお金をかけるより、基本を知るだけで、髪は美しく輝きます。

ヘアケア編

ブロー

高いトリートメントを使うより正しく乾かすことが美髪への近道

「ドライヤーは髪に悪い」は誤解 濡れたままのほうが髪にダメージ

「ドライヤーの熱で髪が傷むから、自然乾燥にしています」という人、案外多いですよね。確かに、高温で長時間熱を加えるのは髪によくありません。でもじつは、半乾きで濡れたままのほうが、髪にとってはもっとよくないのです。

通常、髪の水分量は10～15%ですが、濡れるとキューティクルが開き、そのままでいると水を吸いすぎて髪がふくれ上がってしまいます。

髪を乾かさないで寝るなんて、わざわざパサパサの髪をつくり出しているようなもの。髪の健康を考えるなら、きちんと乾かし、キューティクルを閉じてから寝ましょう。

ドライヤーの冷風をもっと活用すべし

ドライヤーの冷風機能を使っていますか？「何のためにあるのかわからない」「使ったことがない」という人も多いかもしれません。

意外に思うかもしれませんが、ブロースタイリングのカギは熱ではありません。大事なのは冷やすこと。なぜなら、髪の形状がかたまるのは冷めたときだからです。温めたあとに冷やす工程をプラスすると、何度もカールしなくても効率よくスタイルが定着。ドライヤーをあてる時間が短くなり、髪への負担も軽減します。

美髪をめざすのであれば、冷風を存分に活用すべき。「冷ます」をうまく使いましょう。

髪が濡れたまま寝ると、枕の繊維にキューティクルが引っかかってちぎれてしまいます

How to

ブロー

髪を傷めないドライヤーのあて方

ドライヤーで髪を乾かすときのポイントは、「上から下」と「ななめ45度」の2つ。これを守れば、自然乾燥よりもキューティクルがととのい、髪へのダメージも少なくなります。ただ乾かすのではなく、ブローもヘアケアの一部という意識をもつようにしましょう。

根元をしっかり乾かす

1

まずは根元から

ブローは根元からスタートするのが正解。髪を指でかき上げ、空気を入れながら乾かします。根元の水を下に落とす感じで手を動かしましょう。

髪に対して上からななめ45度に

2

中間はななめから

キューティクルは根元から毛先に向かって重なっているので、その流れにそってドライヤーをあてるのが、髪を傷めないブローの秘訣。髪に対して上からななめ45度にドライヤーを構えましょう。

1か所にドライヤーを2秒以上あてると、オーバードライになってしまうので注意しましょう

3

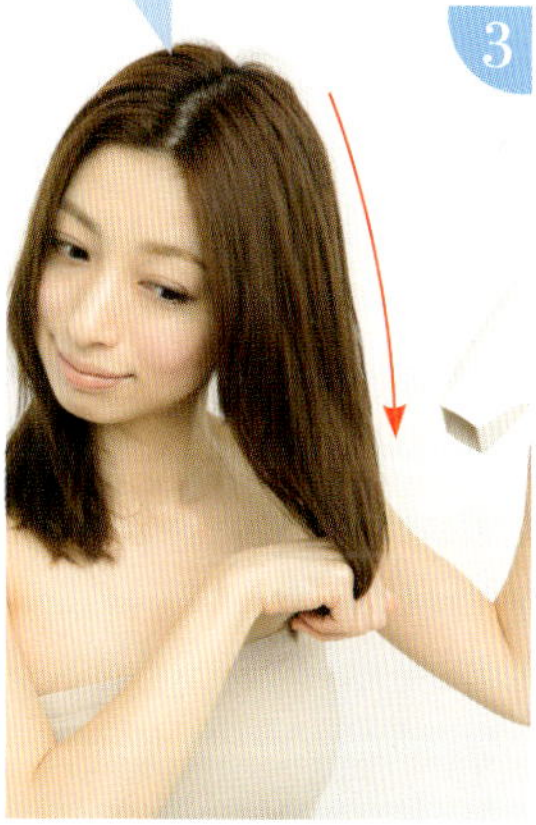

毛先はくるんと

猫の手のようなイメージで、内側から手でコーミングしながら丸くアールをつけて毛先を落ち着かせます。このときも下からは絶対に風を送らないこと。

One Point

**早く乾かすには
タオルドライも肝心**

力任せにワシャワシャ拭くのは、髪に摩擦ダメージを与えるのでNG。中間〜毛先にかけてはタオルで髪をはさみ、水分をおし出すイメージで軽くたたくようにして水気を取りましょう。

やりがち
NG!

間違いだらけの
ブローの仕方

真横から風をあてる

この角度では風が下に流れないので、乾きが遅くなります。根元以外は上からななめ45度を厳守。

**毛先ばかりを
乾かしすぎ**

毛先は傷みやすいので、ブローの時間はできるだけ短く。なのに、こんなふうにあおられていたのでは、キューティクルはととのわず、髪もまとまりません。

How to

ブロー

ツヤツヤの髪をつくる サロン流ブローテク

ヘアサロンでブローしてもらったときは、髪がサラサラでツヤツヤだったのに、自分でやるとうまくいかない……。その原因は、「テンション」と「クールダウン」にあります。髪を軽く引っぱりながらブローし、冷ます。そうすれば、サロン帰りのようなツヤ髪に仕上がります。

上半分を
頭頂部でまとめる

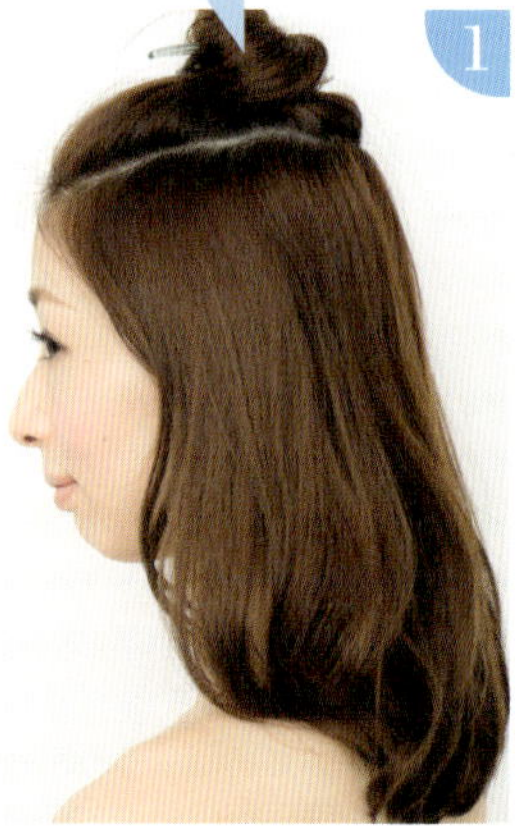
1

ブロッキング
まずは、上半分の髪を頭頂部で一つにまとめます。美しい仕上がりを望むなら、ブロッキングは必須です。

ブラシは
根元にグイッと

2
グイッ

ブラシを入れる
手ぐしで髪をととのえ、毛先をつまんで髪を引っぱった状態で、根元にグイッとブラシを入れます。ブラシに髪がからんだらドライヤーを用意。

最初は難しく感じるかもしれませんが、だんだん慣れてきますよ

引っぱりながらドライヤーをあてる

3

根元～中間

根元～毛先に向けて、ドライヤーをあてながら髪をとかしていきます。ブラシを少し回転させるように引っぱると、髪がブラシにからんで安定します。

ドライヤーをはずす

4

毛先を巻き込む

毛先まで到達したら、ブラシを内に巻き込みます。毛先を温め、乾かしたら、ここでいったん、ドライヤーをはずします。

髪がピンと張っていること

5

冷ましてツヤを出す

手でブラシと毛先をおさえ、冷めるのを待ちます。このとき髪がピンと張っていれば、冷めたときにツヤが出るのです。

教えて！朝日さん

Q ドライヤーの風圧は強いほうがいいの？

A 髪を乾かすだけなら、強いほうがよいでしょう。なぜなら風圧で髪がまっすぐになりやすいからです。スタイリングも兼ねるときは、風圧は気にしなくてOK。たまに熱だけ出して風が弱いドライヤーがありますが、おすすめしません。風量はW（ワット）数を見ればわかるので、買うときは必ずチェックしてください。

Q くるくるドライヤーの場合もやり方は同じ？

A 同じです。ただ、くるくるドライヤーは熱の出口と髪の距離が近いので、長時間あてるのはよくありません。1か所2秒以上あてないように注意しましょう。冷風機能がついていたら、温めたあとは手元でスイッチを切りかえて冷やすようにしましょう。

ヘアケア編

シャンプー

キー成分で見分ける正しいシャンプーの選び方

シャンプーの目利きになるためにキーとなる成分を知っておく

一般的にシャンプーは、髪質（やわらかい髪用やダメージヘア用など）、仕上がり感（しっとり、サラサラなど）、髪型（パーマ用など）で分類されています。こういった目安で選ぶのは間違いではありません。でも、より自分にあったシャンプーをみつけたいなら、成分にも目を向けるべきでしょう。

シャンプーの主成分は水が50～70%、洗浄剤が30～40%といわれています。成分表は、配合量の多い順に書いてありますが、配合量1%以下については順不同。特性やキー成分を知ってから、購入しましょう。

主な洗浄剤の特性

以下は、シャンプーの30 ～ 40%を占める洗浄剤、つまり界面活性剤の種類で分類した表です。複数の成分がまじっている場合もありますが、いま、みなさんの使っているシャンプーは、どの種類でしょうか。

	アミノ酸系	石けん系	高級アルコール系	ベタイン系
メリット	肌細胞と同じアミノ酸が主原料なので、安全性が高く、低刺激。弱酸性なので髪のタンパク質を守りながら洗浄できる。泡がマイルド。	アルカリ性で洗浄力が非常に高い。刺激性は中間的。生分解性（微生物によって分解される性質）にすぐれ、環境にやさしい。	泡立ちがよく、洗浄力も高い。比較的安価。	安全性が高く、低刺激。保水性も高い。泡立ちはアミノ酸系よりもよいが、高級アルコール系よりは弱い。
デメリット	泡立ちが弱く、洗浄力が強くないため、強固な汚れは落としにくい。比較的高価。	ゴワつきや、きしみを感じやすい。パーマだれやヘアカラーの褪色が早い。	脱脂力や刺激が強い。	高級アルコール系より価格が少し高め。
どんな髪・肌にあうか	ダメージ毛や敏感肌	健康毛、普通肌	脂っぽい頭皮、脂性肌	ダメージ毛、敏感肌
成分表で見分けるキー成分	名前の頭に「ココイル～」、「ココカミド～」、「ラウロイル～」がつくもの	脂肪酸エステル、脂肪酸ナトリウム	ラウリル硫酸Na、ラウレス硫酸Na	名前の最後に「～ベタイン」とつくもの

シャンプーによく配合されている

界面活性剤って、いったい何？

水と油を仲よくさせて汚れを浮き上がらせるのがお仕事

シャンプーの役割は汚れを落とすこと。その要となるのが界面活性剤です。

頭皮や毛髪の汚れには2種類あり、皮脂やスタイリング剤の残留物などの油汚れと、ホコリなどの水に溶ける汚れに分けられます。

水と油両方になじむ性質をもつ界面活性剤は、油汚れを包み込み、表面を親水性へと変化させ、水に浮き上がらせて落とします。本来、水とはまじりあわないはずの油汚れが水で落とせるのは、界面活性剤のおかげなのです。

右ページで紹介した洗浄剤も、すべて界面活性剤の一種です。泡立ちのよさ＝洗浄力の強さではないのですが、シャンプーの場合は泡がクッションの役目を果たし、摩擦やからまりを防ぐので、泡立ちがよいほうが髪へのダメージは少なくなります。頭皮への負担を心配するのであれば、刺激の少ないアミノ酸系やベタイン系を選ぶといいでしょう。

シャンプーが油汚れを落とすしくみ

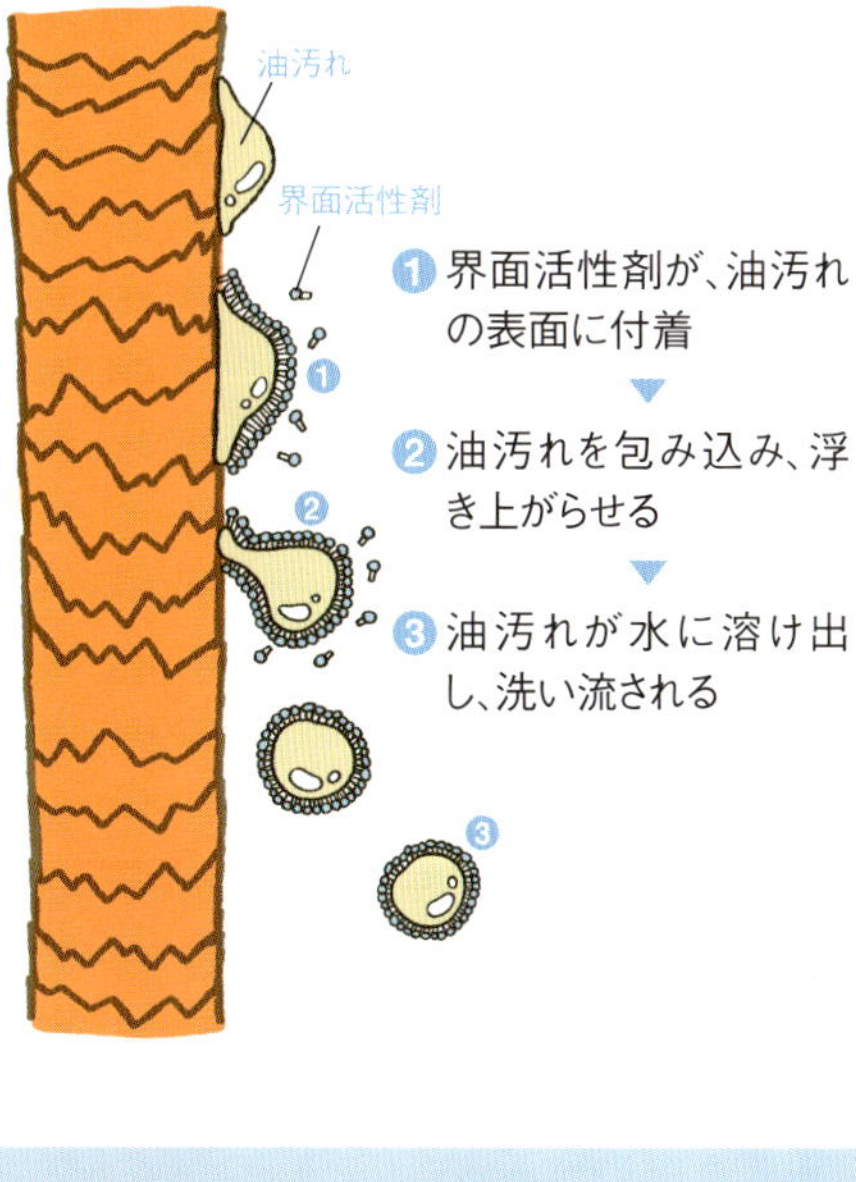
油汚れ
界面活性剤
❶ 界面活性剤が、油汚れの表面に付着
❷ 油汚れを包み込み、浮き上がらせる
❸ 油汚れが水に溶け出し、洗い流される

シリコンって髪にいいの？ 悪いの？

ノンシリコン製品が増え、シリコンが悪者のような印象を受けがちですが、そうではありません。シリコンは毛髪に被膜を張って手触りをなめらかにし、摩擦ダメージを減らすのにとても有効。安全性にも優れています。ただ、大量に塗布すると、ほかのヘアケアの働きをさまたげ、肌トラブルを起こすおそれがあります。シリコンが髪によくないのではなくて、使いすぎが問題なのです。

How to

シャンプー

頭皮：髪＝8：2の意識で洗うことが大事

髪は、頭皮を洗った残りの泡で洗い流すのが基本

一般的に、シャンプーで「髪を洗う」という言い方をします。でも、本当は「頭皮を洗う」と言ったほうが正しいのです。

髪の汚れは、たいてい水で素洗いするだけで落とせます。シャンプーで落とすべきなのは、頭皮の汚れ。水だけでは落とせない皮脂などの油汚れを、シャンプーで洗い落とすのです。とくに毛量が多い後頭部は汚れがたまりがちなので、念入りに洗いましょう。

髪は頭皮を洗った残りの泡で洗い流すくらいで充分。ごしごし洗うとキューティクルを傷つけ、ダメージをまねいてしまいます。

正しいシャンプーは顔のたるみ予防にもなる

頭皮がたるむと、そのせいで毛穴がゆがみ、もみあげやえり足、こめかみあたりの髪にクセが出ることがあります。それを回避する簡単で確実な方法は、毎日正しくシャンプーすること。シャンプーしながら日々頭皮をマッサージしていれば、たるみを防げるのです。頭皮と顔の皮膚は一枚の皮でつながっていますから、顔のたるみ予防にもなって一石二鳥。

頭皮の毛穴がつまったり、血行が悪くて栄養が行きわたらなかったりすると、すこやかな髪は生まれません。頭皮の清潔さを保ち、マッサージで血流をよくしましょう。

月に一度のディープクレンジング
スカルプケアはもはや常識

毎日シャンプーしていても、落としきれない汚れはあるもの。だから定期的な頭皮のディープクレンジングは必要かつとても有効です。最近、サロンでもスカルプケアをする人が増えています。

正しいシャンプーの仕方

1 しっかり素洗い

水分をまんべんなく行きわたらせておくと、シャンプーの泡立ちや指どおりがよくなり、摩擦やからみを軽減できます。

2 手のひらでのばす

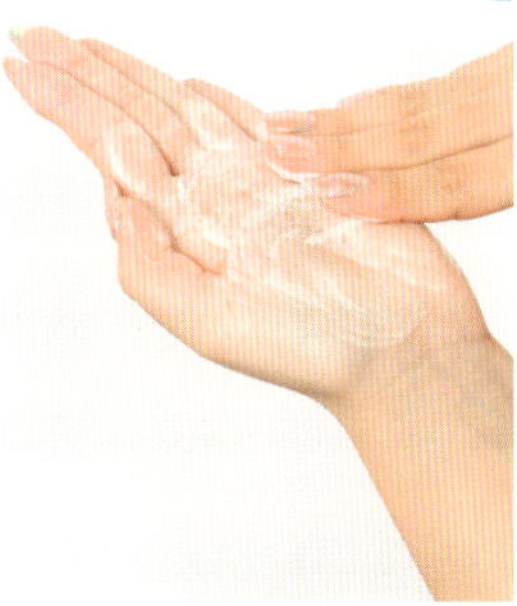

シャンプーに少しだけ水をたらし、手のひらでのばします。

3 地肌で泡立て

指の腹を使って、地肌でしっかり泡立てていきます。

やりがちNG!

顔まわりばかり洗う

顔まわりは毛量が多くないので、ごしごし洗う必要はありません。もっと奥、後頭部のほうをしっかり洗いましょう。

4 上から下へ洗う

横にスライドさせながら、上から下へジグザグに洗っていきます。

後頭部をしっかり洗う

毛量の多さ=汚れの多さ。髪は頭の前側より後ろ側に多く生えているので、耳裏〜後頭部にかけては、とくに意識して泡を行きわたらせるのが大事。

5 頭皮をマッサージ

洗い終わったら、指の腹で頭皮を動かすように2〜3分マッサージ。

6 根元から洗い流す

汚れやシャンプーが頭皮に残らないよう、すすぎはしっかりと。すすぎ不足で毛穴のつまりを起こすケースも少なくないので、根元から念入りに。

ヘアケア編

トリートメント

トリートメント剤は どこに何を補うか、で選ぶ

リンスとトリートメント 何が違う?

トリートメント剤には種類がいろいろありますが、その違いはどこに作用するかにあります。

髪は傷むとマイナスに帯電します。リンス・コンディショナーの主成分であるプラスの電化をもった「カチオン界面活性剤」は、傷んだ箇所にくっつき、髪をコーティング。主に毛髪表面に働きかけるのです。

一方、毛髪内部にまで染み込むのがトリートメント。毛髪の構成成分を深くまで届け、髪の強度や弾力、保水力などを補修します。

併用するときは、トリートメント→リンス・コンディショナーの順に使いましょう。

リンス、コンディショナー

髪の表面に働きかけ 保護膜をつくって守る

髪の外側に作用するものをさします。髪表面に保護膜を形成し、指どおりの改善、保湿、静電気の抑制に効果を発揮。手触りやツヤを重視する場合におすすめ。

トリートメント(ヘアマスク、ヘアパックetc.)

髪の内部まで浸透して 芯から補修&保湿

リンス・コンディショナーより深い層に浸透し、補修、保湿するもの。タンパク質など欠損した毛髪の構成成分を補います。

「インバス」は飲み薬、「アウトバス」は塗り薬

トリートメント剤を、使用するタイミングで分けると、お風呂場の中で使う「インバストリートメント」とお風呂場の外で使う「アウトバストリートメント」の二つになります。

シャンプー直後のまっさらな髪につけるインバストリートメントは、飲み薬のように毛髪内部に浸透していきます。髪が濡れてキューティクルも開いているので、コンディショニング成分を深い層まで届けやすいのです。

一般的に「洗い流さないトリートメント」と呼ばれているアウトバストリートメントは、主に髪の表面に作用する塗り薬のようなもの。油分などで被膜をつくり毛髪をコーティングすることで水分保持力を高めたり、指どおりやツヤを改善したりするものがほとんどです。

濡れた髪、乾いた髪両方に使えたり、スタイリング機能を兼ね備えていたりと、活用範囲の広いアイテムが多いのも特徴でしょう。

In Bath　髪の構成要素と同じ成分を配合したものを

浸透性にすぐれたインバストリートメントは、コルテックス内のマトリックスというタンパク質をダイレクトに補い、ダメージを補修できます。タンパク質やCMC（細胞間脂質）など、毛髪の構成要素と同じ成分を配合しているか否かをチェックして、アイテムを選びましょう。

Out Bath　コラーゲンなど保湿成分を配合したものを

毛髪の表面にとどまって作用するアウトバストリートメントには、油分やシリコンなどが配合されています。保湿力を求めるのであれば、水分を含むみずみずしいタンパク質＝コラーゲン配合のものを選ぶといいでしょう。

朝ケア、夜ケアの注意点

アウトバストリートメントで日中のダメージ対策を

紫外線や物理的刺激などから髪を守るためにも、アウトバストリートメントで髪をコーティングするのがおすすめ。

夜のオイル使用はひかえめに

髪はタンパク質や水分を蓄えた状態で寝るのがベスト。ただ、オイルは肌につくと被膜をつくって肌あれを起こすことがあるので使用量には注意して。

How to

トリートメント

トリートメント剤の正しいつけ方

毛髪で傷んでいるのは、主に毛先。根元は生まれたての状態なのでダメージもほぼありません。根元にトリートメント剤をつけると頭皮の毛穴をつまらせ、逆にダメージの原因になることも。せっかく使うなら、効かせどころを間違えないようにしましょう。

1

つけるのは中間～毛先

手のひらで髪をやさしくはさむようにして、中間～毛先にトリートメント剤を大まかにつけます。

2

手ぐしでなじませる

両手を交互に使ってコーミングしながらなじませます。数回くり返すと髪にまんべんなくからみます。

3

仕上げはしぼり

中間から毛先に向かって髪を軽くしぼっていき、トリートメント剤をなじませます。

ヘアトリートメントをもっと効かせる方法

蒸しタオルテク

髪を加熱するとキューティクルが開き、トリートメント剤の浸透がよくなります。目安は3分。冷たくなったらはずしましょう。

トリートメント剤選びに迷ったら、プロの知恵を拝借

自分にあったトリートメント剤をみつけるには、毛質やダメージの状態を知ることが大事です。でも、これが意外と難しいもの。クセの有無、毛量の多少、毛の太細、髪の剛柔などチェックポイントが多いうえに、ほかの人とさわり比べた経験もあまりないため、客観的判断がしにくいのです。「私の髪はかたいから……」と言う人の髪が、じつはむしろやわらかいほう、ということはよくあります。

トリートメントのアイテム選びに迷ったら、行きつけの美容室で相談するのがいちばん。たくさんの人の髪をさわってきた経験から、髪質やダメージ具合を的確に判断して、最適なアイテムを教えてくれるはず。自分の髪質について深く知ることにもなり、トリートメント以外のヘアケア製品も選ぶのが楽になって、お手入れの効率もアップするでしょう。

困ったときはプロの知恵を拝借するのも、賢いヘアケア法の一つだと思います。

教えて! 朝日さん

Q サロン専売品は、やっぱり市販のものよりいいの?

A 製品の信頼度が高いのは確かです。スタッフがみずからの髪で試し、目利きしたものを置いているので、効果や安全性が保証されていると思ってよいでしょう。

Check Point

成分表の読める人になろう!
トリートメント剤に配合されている主成分

シャンプー同様、主成分は配合量の多い順に並んでいます。成分ごとの効果を知って、購入時にチェックしましょう。

保湿系（うるおいを与える）

グリセリン
液状の保湿剤で、保水性が高い。

加水分解コラーゲン
毛髪の内部にまで作用する。

ポリクオタニウム－51
うるおいの皮膜をつくり、ヒアルロン酸の約2倍の保水力をもつ。ポリクオタニウム61、64、65などもある。

ヒアルロン酸Na
天然の保湿成分。

強化系（ハリ、コシを与える）

加水分解ケラチン
毛髪の構成成分の一種。ハリ、コシを与える。

加水分解シルク
指どおりをなめらかにする。

メドウフォーム-δ-ラクトン
60℃以上の熱に反応し、髪をプロテクト。バリア機能を高め、指どおりもなめらかになる。

ヒドロキシプロピルトリモニウム加水分解コラーゲン
カチオン化コラーゲンとも呼ばれ、吸着性に優れている。

エモリエント系（しっとり感を与える）

コレステロール
CMC（細胞間脂質）の一種で、髪を乾燥から守り、弾力を与える。

セラミド
CMCの主成分で、バリア機能と保湿効果がある。

18-MEA
キューティクル間にあるCMC成分。指どおりをなめらかにする。

マカデミアナッツ脂肪酸
皮脂成分に類似した保湿力の高いエモリエント剤。

ヘアスタイル編

似合わない髪の長さはない！

「私は丸顔だからショートは似合わない」という声をよく耳にします。でもじつは顔型によって似合わない髪の長さというのはありません。

なぜなら人間の顔はみんな卵形だから。みなさんも一度、鏡の前で前髪を上げ、ひたいを出してみてください。髪の生え際までを顔だとすると、卵形になっていませんか？

人は肌が出ている部分だけを見て、顔型を判断しています。つまり、髪が額縁になって、顔の輪郭を縁取っているということ。顔立ちの印象も雰囲気も、額縁である顔まわりの髪のあしらいで決まるので、長さは関係ありません。そこさえ決まれば、どんな長さでも似合うのです。

そう考えると、いろんな髪型にトライしたくなってきますよね。ここでは、どんなヘアスタイルにも共通するスタイリングの基本からご紹介していきます。

顔の輪郭は顔まわりで決まる

耳にかけると面長→丸顔に

サイドへ目線を移動

耳を出して肌色の露出を多くすると、額縁が横に広がるので、面長感がやわらぎます。

分け目をつくると丸顔→面長に

縦のラインをつくる

まっすぐ分け目を入れると、ライン効果で縦長感が出ます。ひたいも見えて、丸顔感も薄れます。

美容室で失敗しないオーダーの仕方

画像などを持参して具体的なイメージを伝える

理想のビジュアルを見せたりモデルの名前をあげたりするなど、なるべく具体的に教えてください。逆に「ふんわり」などのオーダーはどの程度なのか迷います。人によって解釈の違う抽象的な言葉は避けたほうが、思いどおりの仕上がりに近づけます。

NG！ワード

- ふんわり
- お任せします
- 切りたくないけど変わりたい

まずは、自分がいちばん美しく見える、顔まわりの額縁をみつけましょう

ヘアスタイル編

前髪

てっとり早く雰囲気を変えるには前髪がポイント

前髪は、顔の輪郭を決める変幻自在のフレーム

丸顔や面長といった輪郭の特徴は、まず前髪で決まるといっても過言ではありません。前髪があると顔は丸く見え、ひたいの露出が増えるほど面長に見えていきます。

輪郭だけでなく、雰囲気も前髪によって変わります。一般的に、前髪をおろしていると若々しく、ひたいを出すと大人っぽく見えるもの。後ろの髪がロングでもショートでも、この原則は変わりません。

ばっさり髪を切るのに抵抗があるときも、輪郭のフレーム（額縁）である前髪を変えるだけで、簡単に印象チェンジできるのです。

前髪が短めの場合

M字

輪郭が卵形に見える

肌がチラッと見え、ひたいまでが輪郭に見えて卵形に。

分け目あり

面長効果が出る

頭頂部から縦のラインが生まれると縦長効果が。

パッツン

丸顔でフレッシュな印象

肌の露出面積が狭まり、丸顔で若々しく見えます。

デコ出し

面長&活発な雰囲気

生え際までが輪郭になり、たいていだれでも面長に見えます。

分け目による印象の違いをチェック！

ひと言で分け目といっても、入れる位置や、くっきり分けるかふんわり分けるかで印象が変わってきます。また、髪の重みで分け目部分の頭皮がのびてしまうので、たまに分け目をチェンジすることをおすすめします。

前髪が長めの場合

サイドパーツ

大人フェミニン

分け目をふんわり立ち上がらせれば、縦長シルエットに。女っぽさもアップします。

センターパーツ

ほどよくカジュアル

コンサバ感が出にくく自然な感じ。くっきり分けるとシャープにも見えます。

教えて！朝日さん

Q 前髪は、ふんわりさせたほうがいいの?

A ふんわり前髪が絶対にいい、ということはありません。シャープな印象にしたいなら、前髪はぺったりさせたほうが◎。なりたい雰囲気でスタイルを選んでください。

ぺったり

シャープで知的な雰囲気に

ふっくら感をなくし、顔立ちをすっきり見せたい人におすすめ。

ふんわり

立体感が出て小顔に見える

顔面より髪が前にあることで顔が小さく見え、可愛い雰囲気に。

ヘアスタイル編

スタイリング剤

スタイリング剤の使い分けでねらいどおりの仕上がりに

選ぶポイントはセット力の強弱と質感の重軽

髪型がうまく決まらないとき、原因はブローやセットの腕ではなく、スタイリング剤やそのつけ方にあるのかもしれません。

たとえば、ふんわりエアリーなウエーブヘアに仕上げたいのに、髪を落ち着かせるオイルを使っていたのでは、思いどおりのスタイリングができるわけがありませんよね。

ウエーブやカールをしっかり出したいなら、ムースかジェル。ボリュームをおさえてしっとりさせたいときは、オイルかクリーム。自然な動きを出すにはワックス、仕上げにスプレーと覚えておけば間違いないでしょう。

クリーム

ナチュラルなスタイル向き

セット力は弱めで、ツヤのあるやわらかな髪に仕上がる。ベタつきがなく、保護・補修機能を備えたものが多い。

ワックス

髪をかためず動きのあるカールをキープ

テクスチャーがやわらかめのものは束感とツヤ重視。かたいものほど動きが出しやすく、セット力も強固に。

オイル

髪をしっとり落ち着かせる

髪に均一にのび広がり、ツヤを出す効果が。ウェット、ドライ、どちらでも使用可能。コンディショニング効果もある。

ムース

パーマヘアの仕込みに

ウエーブやカールの再現性が高く、動きやうねりを出したいときに使う。ウエーブの強いヘア向き。

スプレー

セット後の仕上げに使用

主にツヤ出しやスタイルキープのために使用。霧状だから軽く、ムラなく広がり、エアリー感を出すのも得意。

ジェル

濡れたようなツヤのあるみずみずしい仕上がりに

ウェット感のある仕上がりが特徴。濡れた髪へのなじみもよく、乾いたあともつけたてのウエーブをキープする。

How to
スタイリング剤

スタイリング剤の効果的なつけ方

固形のワックスや泡状のムースなど、スタイリング剤の形状はさまざま。なのに、どれでも同じつけ方をしていませんか？　それぞれの特性にあったつけ方をすることは、仕上がりの完成度を高める重要なポイント。簡単なのでしっかりマスターしましょう。

ムース

持ち上げるようにしてもみ込む

カールを持ち上げるようにして塗布。そのあと、もみ込みながらドライヤーで乾かします。

One Point

スタイリング剤は手のひらだけでなく、指のあいだまでしっかりのばしましょう

オイル、クリーム

手ぐしでとかす

髪の内と外、両方から手ぐしでとかします。根元につけるとボリュームがダウンします。

ワックス、ジェル

カールをおし戻す感じ

セットしたカールをくずさないよう、やさしくおし戻す感じでもみ込みます。

スプレー

毛先をふわっと持ち上げて

髪の内側まで行きわたるように、毛先を持ち上げてスプレー。ふんわり仕上がります。

One Point

髪とスプレーの距離が近すぎると、ボテッとついてしまいます。20cm以上離してスプレーを

How to
まとめ髪

アレンジも自在！基本のまとめ髪3種

まとめ髪 style 1

ポニーテール

まとめる位置が高いほど若々しく見える

まとめ髪の基本中の基本。何気なく結んでいる人が多いと思いますが、まとめる位置で印象が大きく違ってきます。ファッションや気分にあわせて簡単に雰囲気を変えられる便利なスタイルです。

高 元気なイメージ

まとめる位置が高いほど若々しく見え、はつらつとした印象に。顔のリフトアップにもなります。

あご～耳上をつなぐ延長線上が結び目のゴールデンポイント

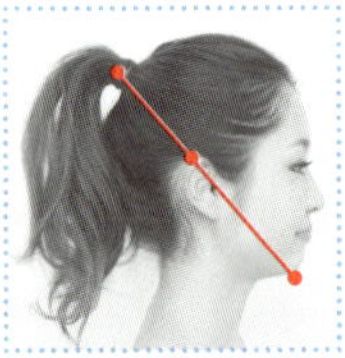

中 コンサバな感じ

サイドの髪の流れが床と平行になる位置で結ぶと、ニュートラルで素の雰囲気がいちばん出ます。

髪の毛流れを床と平行に

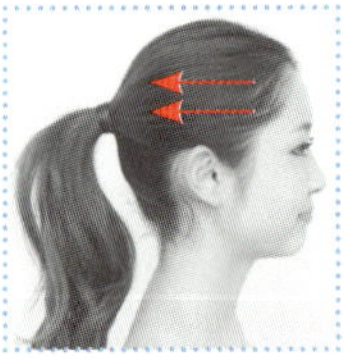

低 リラックスした雰囲気

まとめる位置が低いと、大人っぽくて落ち着いた雰囲気に。力が抜けた感じで、こなれて見えます。

この3種を覚えておけば、あらゆるシーンやファッションに対応できます

まとめ髪 style 2

ハーフアップ

ヘアにも顔にも立体感が出る後頭部ふっくらアレンジ

後頭部や頭頂部のボリュームを簡単に演出できるのがこのスタイル。ブローすることも、逆毛を立てることもなく、自然な立体感が出ます。普通にまとめるよりずっと華やかで、横顔の雰囲気もガラッと変わります。

1

髪の上半分をまとめる

上半分の髪をゴムで結びます。顔まわりをすっきりさせたいなら、サイドの髪も結んで耳出しに。

2

つまんで引き出す

結び目をおさえ、髪をつまんで前方に軽く引き出します。真ん中から始め、徐々にサイドへ。

完成！

後頭部ふっくら、正面から見ても立体感あり。ブローでふくらませるより断然簡単です。

エレガント系がお好みなら

ここで終了して、あえてふっくらさせないハーフアップもあり。華やかさには欠けるけれど、その分上品でエレガントに。

まとめ髪 style 3

無造作おだんごヘア

きっちりまとめすぎず、ラフさを出すのがポイント

アップスタイルにもいろいろありますが、きっちりまとめすぎると夜会巻きのようになってしまって日常的ではありません。事前にカーラーなどで巻いて髪にうねりをつけておくと、より無造作な感じに仕上がります。

1

手ぐしでポニーテールに

手ぐしでちょっとワイルドに髪をかき上げ、ゴムで一つに結びます。コームでなでつけてまとめるのではなく、わざと表面をデコボコさせるのが無造作感のポイント。

2

ねじりながら巻き付ける

束ねた髪をねじりながら、まとめた髪のつけ根あたりに巻きつけていきます。途中、ところどころ髪をつまんで引き出し、遊びを出しましょう。

中心に向かって差し込む感じ

3

毛先をピンでとめる

結び目のあたりに毛先を巻きつけ、ピンでとめます。Uピンよりアメピンのほうが、しっかりとまります。

高い位置で結ぶのが難しかったら…

顔を下に向けて髪をまとめると、高い位置で結ぶのもラク。

おだんごを
くずさないように

4

おだんごを囲むようにピンを打つ

まとめた髪を上からワシづかみにして、囲むようにピンでとめます。指のあるところにピンを打つと安定します。

完成！

ほどよくラフで、気合いを入れてまとめた、という感じがしないところが、無造作おだんごヘアの魅力。

ポニーテールと同じで、まとめる
位置が高いほど若々しくカジュ
アルな雰囲気になります

How to

巻き髪

華やかな魅力を演出 巻き髪の基本をマスター

巻き髪 style

巻き方やツールしだいで できあがるカールは多種多様

巻き髪をつくる2大ツール、ヘアアイロンとホットカーラー。それぞれのカールの特徴を検証してみました。違いがわかれば、理想のスタイルもつくりやすくなります。

ブロッキング

上1・縦4の法則

上半分を頭頂部で一つにまとめ、残りの髪を縦に4等分するのが基本。毛量の多いところはさらに縦に分けてOK。

ヘアアイロンとホットカーラーの巻きの違い

ゆる～く

ヘアアイロン仕上げ

毛先をはずしたエアリー感がポイント

アイロンで巻くいちばんの利点は、毛先をはずせること。巻きの種類や巻く場所も自在で、やわらかいカールに仕上がります。

しっかり!

ホットカーラー仕上げ

コロンと立地の高い横巻きカール

アイロンよりしっかりしたカールがつき、持ちも◎。毛先まで強めで、均一な横巻きのカールに。髪の長さも短くなります。

教えて! 朝日さん

Q 髪を傷めないヘアアイロンの選び方って?

A 温度設定のできる、巻き面がツルツルしたものなら、高温や引っかかりで髪にダメージを与えるリスクを減らせます。

ヘアアイロンでつくれる巻き髪4種類

毛先巻き（Cカール）

名前のとおり、毛先が「C」の形になったいわゆる内巻きカール。

巻きは1回転半くらい

毛先から髪を巻き、アイロンを一回転半くらいさせると、キレイな「C」になります。

平巻き（横巻き）

ホットカーラーでの巻きに似た、コロンとしたカール。

アイロンと床を平行に

髪に対して垂直にアイロンを構え、毛先から巻き込んでいきます。カールは毛先が強く、根元にいくほどゆるくなります。

縦巻き

毛先にいくほど強めの縦カール。エレガントな印象に。

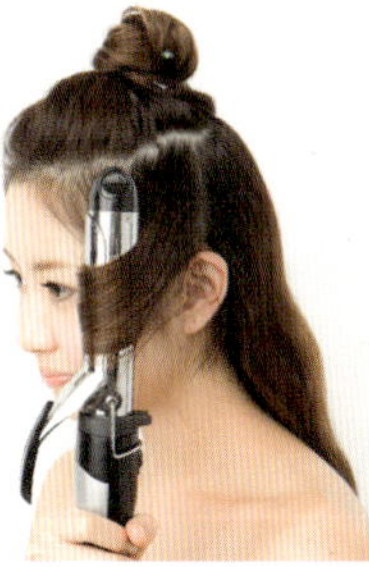

毛先から巻き込んでいく

毛先をアイロンではさみ、アイロンを縦に起こして巻き込んでいきます。

中間巻き

毛先がゆるく空気感のあるカール。

1

髪の中間で一度巻く

髪の中間あたりをアイロンではさみ、1回転巻きます。

2

ななめ下にすべらせる

アイロンをななめ下に向け、回転させながら髪をすべらせ、はずしていきます。

How to
ボブ

ミディアムヘアの定番 ボブは、後頭部がカギ

style《ボブ》 代表的ボブ3スタイル

ひと口でボブといっても、最近はスタイルのバリエーションも多様化。表面に段差があまりなく、厚みがあるというボブの基本は残しつつ、アレンジを加えた最近主流の3つのボブスタイルをご紹介しましょう。

ワンレンボブ

重みがあって大人っぽく見える

前髪をのばし、ほぼ同じ長さに切りそろえた王道のボブスタイル。重めのほうが落ち着いた印象になります。

レイヤーボブ

変化がつけやすく、シャープな印象

レイヤー（段差）が入ると表面が軽くなり、巻きなどのアレンジで動きを出しやすくなります。

グラボブ

ワンレンとレイヤーの中間の雰囲気

レイヤーよりボトムとトップの段差がゆるやかで、ワンレンより軽やかなイメージ。

ボブは後頭部のボリュームしだいであか抜ける

前髪やサイドを同じ長さに切りそろえたボブは、重く、フラットに見えがち。

その印象を変えるポイントは、後頭部のふくらみ具合にあります。頭頂部から後頭部にかけてのラインがふんわり見えると、全体の雰囲気も軽くなります。おしゃれボブをめざすなら、後頭部のふくらみがマスト。横顔にも立体感が出て、あか抜けて見えるのです。

ボブの定義は変わってきている

ボブとは、頭の上のほう（トップ）が下より長く、えり足あたりで切りそろえた髪型のこと。おかっぱもボブの一種です。近年は、レイヤーを入れたり長さをミックスしたりしたものもボブとされ、スタイルの幅が広がっています。クラシックなボブのフォルムに軽さを出してアレンジするのが、近ごろの主流です。

マジックカーラーでボブの後頭部のふくらみをつくろう！

1 髪を垂直（90度）に引っぱる

高い位置にカーラーを巻く

カーラーが低い位置でとまってしまうと、根元が立ち上がりません。

2回転できる直径のカーラーを選んで

カーラーが細いと根元が立ち上がらず、太すぎると毛先が巻けない。

2 ドライヤーの風をカーラーの筒の中に通す

ドライヤーで即席ホットカーラーに

巻いた部分にドライヤーでまんべんなく熱を加え、そのあと冷まします。

完成！

根元の立ち上がりが大事

カーラーをはずしたあとは、手ぐしでととのえて。仕上げはスプレーでスタイルキープを。

How to

ショート

じつは簡単に雰囲気が変わるショートヘアの魅力

ショート style

スタイリング剤別アレンジ術

髪をまとめたり巻いたりできないから、ショートヘアはアレンジしにくいと思う方も多いかもしれません。でもそれは大きな誤解。スタイリング剤を変えるだけで、簡単かつ劇的にスタイルチェンジできるのです。

Before

表面にレイヤーの入った、ややボブっぽいシルエットのショートヘア。

クリームでナチュラルに

髪にツヤとやわらかさが出て、スタイルとしてはＢｅｆｏｒｅの状態にいちばん近いナチュラルな仕上がり。クリームが地肌につくと髪がペタンコになるので注意しましょう。

ほんのり束感を出す

髪全体をワシャワシャかきまわし、髪のあいだをすべらせる感じで自然な束感を出す。

ほかにも、髪色やパーマのあるなしなどでも大きく印象は変わります

ジェルでちょっとモードな感じに

タイトなでつけヘアは、中性的でモードっぽい雰囲気。すっきりした顔まわりと分け目の縦ライン効果で、輪郭がシャープに見えます。

コームでなでつける

濡れた髪に手ぐしでジェルをなじませたあと、コームでなでつける。

ワックスで無造作ヘアに

ワックスならではの束感と動きのあるスタイルで、軽さがあってエアリーな仕上がり。ワックスはムラにつけたほうが無造作感がアップします。

にぎったり、つまんだり

髪をにぎるようにしてワックスを塗布したあと、ところどころつまんで動きを出す。

化学でひもとく

カラー&パーマの基礎知識

COLOR 1

カラーリングの種類と染まるしくみ

毛髪内部で脱色と染色を同時におこなうのがカラーリング

すっかりポピュラーになったカラーリング。髪色を変えることは、もはやヘアスタイリングの一部です。でもいったい、どういったしくみで髪が染まっているのでしょうか?

一般的なカラー剤（染毛剤）は、まず「アルカリ剤」で髪を膨張させ、キューティクルを開きます。そこから髪の色を決めているメラニン色素に働きかけ、脱色と染色を同時におこないます。

つまり美髪の決め手になるキューティクルが、一度は開いてしまうのです。

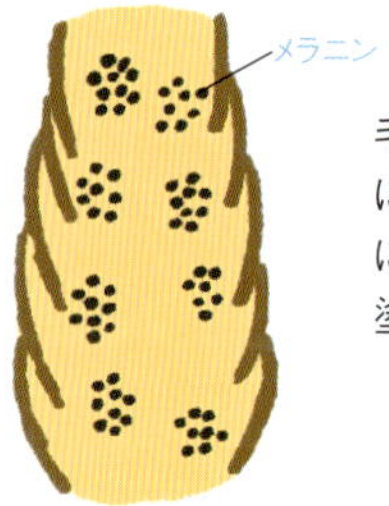

毛髪の大部分を占めるコルテックス内にあるメラニン色素。カラーリングはここに働きかけます。では、髪にカラー剤を塗っていくと……

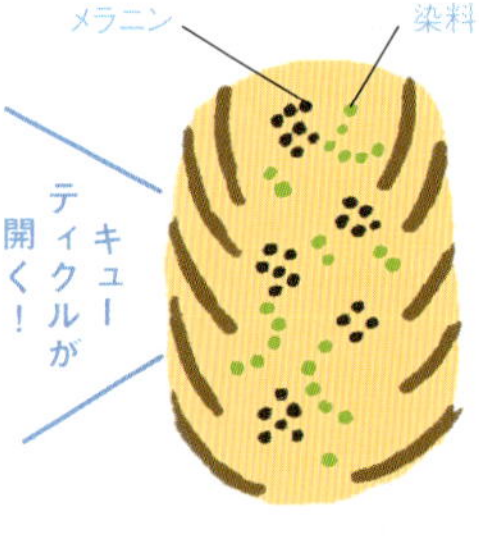

アルカリ剤が髪を膨張させ、活性酸素を放出。その活性酸素がメラニンを分解し、同時に毛髪内部に浸透した染料を酸化させていきます。

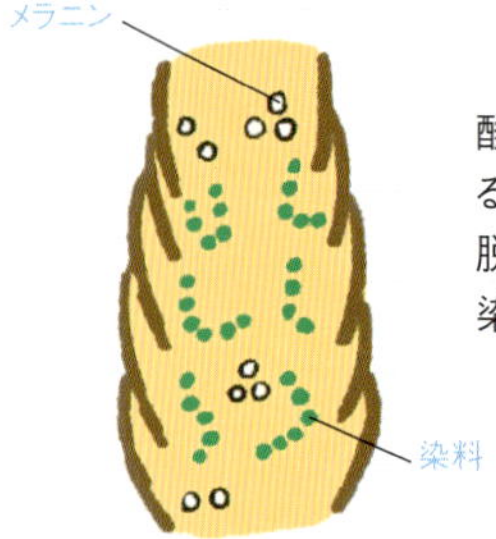

酸化した染料同士が集まり、目に見える色となって発色。メラニンを分解して脱色しながら、集まった染料の色に髪を染め上げていくのです。

市販のカラー剤は強め設定 ダメージが心配ならプロの手に

髪を脱色&染色するカラーリングは、そのしくみからどうしてもダメージを避けられません。ダメージを軽減したいのであれば、サロンでの施術をおすすめします。なぜなら、自宅でできるタイプのカラー剤は、だれでも簡単に染まりやすいようアルカリを強めに設定してあり、髪への負担が大きいからです。

サロンでは髪質やキューティクルの状態などを見定めてカラー剤を選び、薬剤の強さをコントロールしています。また、部位によってカラー剤の種類や処置時間を変えることも。生えたばかりの根元の毛と中間の毛、毛先ではそれぞれコンディションが異なり、均一に塗っただけでは色ムラなく仕上げるのは難しいからです。自分の手でそこまでのことをするのは、正直大変です。

仕上がりの美しさやダメージのことを考えると、サロンでプロの手にゆだねるのが髪にとってベストの選択だと思います。

主なヘアカラーの種類と特徴

ヘアマニキュア（酸性染色料）

色持ちはよくないけれど 刺激が少なく、髪にやさしい

毛髪の表面付近に付着し、染色。物理的刺激に弱く、シャンプーなどで色素がはがれ、褪色が早いようです。色持ちは2〜3週間。ただ毛髪内部にほとんど浸透しないのでダメージは少なく、パッチテストも不要。パーマ後すぐの施術もOKです。

アルカリカラー（酸化染毛剤）

色バリエーション豊富なおしゃれ染め

一般的におしゃれ染めと呼ばれ、サロンのカラーリングや市販のカラー剤もこのタイプ。右ページのしくみで染色と脱色を同時におこない、髪を染めます。色幅が広く、色持ちは2〜3か月。まれにかぶれる人もいるのでパッチテストが必要。

オーガニックカラー

髪にも環境にもやさしい 開発途上のニューカマー

ジアミンという染色成分は入っているけれど、それ以外はナチュラルな成分を配合しているケースが多数。色幅や色持ちに難があるといわれていましたが、近年、改善されつつあります。ヘナには100%ナチュラルなものもあるようです。

白髪染め

しくみはおしゃれ染めと同じ でも、脱色力は低め

アルカリカラーの一種。白髪を染めるのに脱色（ブリーチ）力はあまり必要ないので、毛髪への負担の少ない低アルカリタイプが多いのも特徴。比較的色のバリエーションに乏しく、サロンではおしゃれ染めとまぜて使うところが多くなっています。

化学でひもとく
カラー&パーマの基礎知識

COLOR 2

色のもつ特性や印象

色相、明度、彩度 この3要素で色は決まる

色相（赤や青といった色の種類）の明度（明るさ）や彩度（濃淡）を変えることで、カラーリングの色バリエーションが生まれます。左の図のように、同じ赤でも違って見えます。

暖色系は寒色系より色落ちが早い

色には個性があるので、カラーリングした色によって、髪や顔の雰囲気も違ってきます。また、色素の違いからか、寒色系より暖色系のほうが色が落ちやすいのも個性の一つ。

赤系の色相の色バリエーション

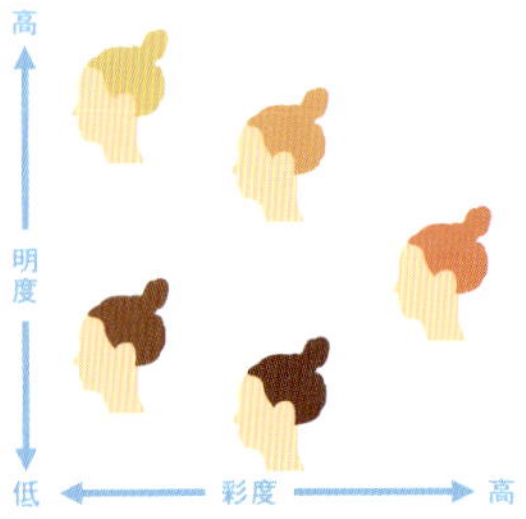

色の効果

- Red **赤** ツヤっぽく発色し、肌色が白く見える。
- Black **黒** 顔の輪郭が引き締まり、強くシャープな印象に。
- Orange **オレンジ** 元気なイメージ。黄みの強い肌には難しい色。
- Yellow **黄** やわらかい印象に。膨張色でもある。
- Ash **アッシュ** 髪の黄みや赤みをおさえ発色に透明感が出る。
- Green **緑** 髪がマットっぽく見え、クールな雰囲気に。

アッシュ系は灰色じゃなくてパープル

アッシュ＝灰の意味ですが、カラー剤のアッシュ系は通常パープルがかった発色をします。髪を完全にブリーチ（脱色）して染めるとグレイになることから、こう呼ばれているようです。

化学でひもとく
カラー＆パーマの基礎知識

COLOR 3

カラーを長持ちさせるために大切なのは保湿とpH値調整

褪色を防ぐには、トリートメントで保湿して、きちんと乾かすこと

褪色の原因の一つは、ダメージでキューティクルが開き、色素を含むコルテックスが流出することにあります。そして、毛髪内部がスカスカでも色素をうまくキャッチできません。ダメージを補修しないかぎり、この悪循環が続き、褪色が進んでいくのです。

カラーリング後の髪は、乾燥してダメージを受けやすい状態になっています。まずはトリートメントでたっぷり保湿を。アウトバスアイテムで髪をコーティングするのも、流出を防ぐ一つの手。シャンプー後はきちんと乾かし、キューティクルを閉じて寝ることも大切です。

残留アルカリを取り除くカラーヘア専用アイテムを活用

毛髪は弱酸性で安定し、健康な状態を保てます。カラーリングでアルカリに傾いた髪をそのまま放置するのは、ダメージを進行させるのと同じこと。pH値を下げるケアをしなければいけません。カラーリング直後から1～2週間は、残留アルカリ除去作用のある専用アイテムを使うことをおすすめします。ダメージが軽減し、色持ちもよくなるはず。

また、カラーリングによってメラニン量が減少した髪は、紫外線ダメージを受けやすいともいわれています。こちらも専用アイテムを使って、髪のＵＶケアも意識しましょう。

化学でひもとく

カラー＆パーマの基礎知識

PERMANENT 1

パーマの種類とかかるしくみ

毛髪内部の結合を切断し再結合させてウエーブをつくる

毛髪内部には主に3つの結合があり、髪を支えています(P157参照)。簡単にいうと、パーマはこれらの結合を切断し、ゆるんだ髪に形をつけ、その状態のまま再結合させて形を固定させているのです。パーマ剤に1剤と2剤があるのは、1剤で切断、2剤で再結合に作用させるためです。

カラーリング同様、パーマも髪質やダメージの状態によってかかり方が違ってきます。健康な髪ほどかかりにくく、人によって放置時間に差があるのはそのためです。

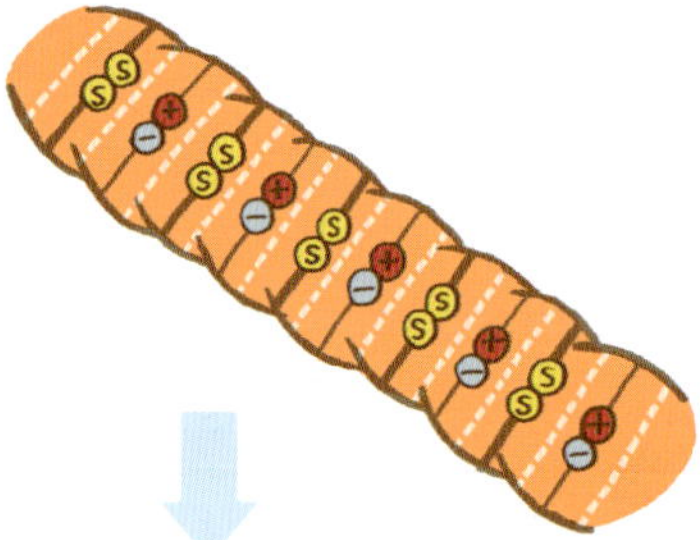

毛髪内部では横につながる3つの結合ががっちり手をつなぎ、キューティクルも閉じています。

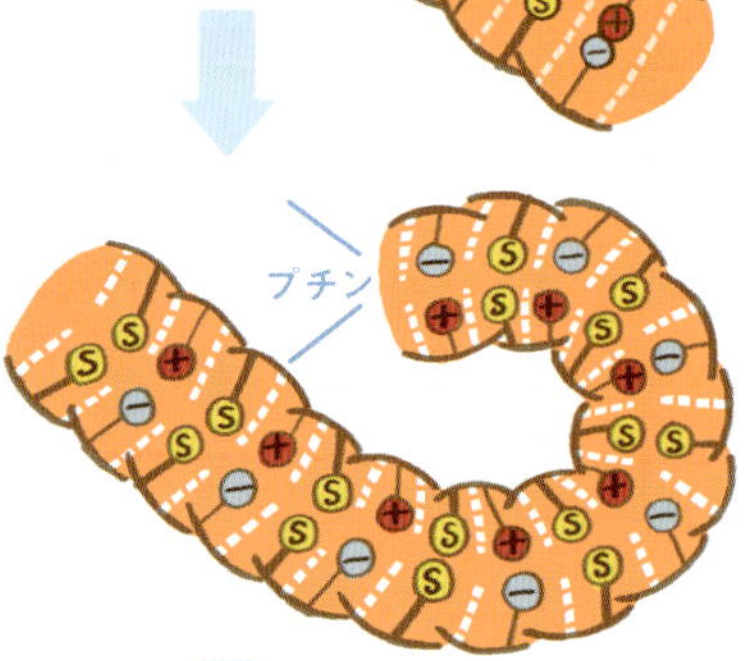

1剤の水、アルカリ剤、還元剤が、膨張して開いたキューティクルのすき間から毛髪内部に浸入。3つの結合を次々に切断していきます。

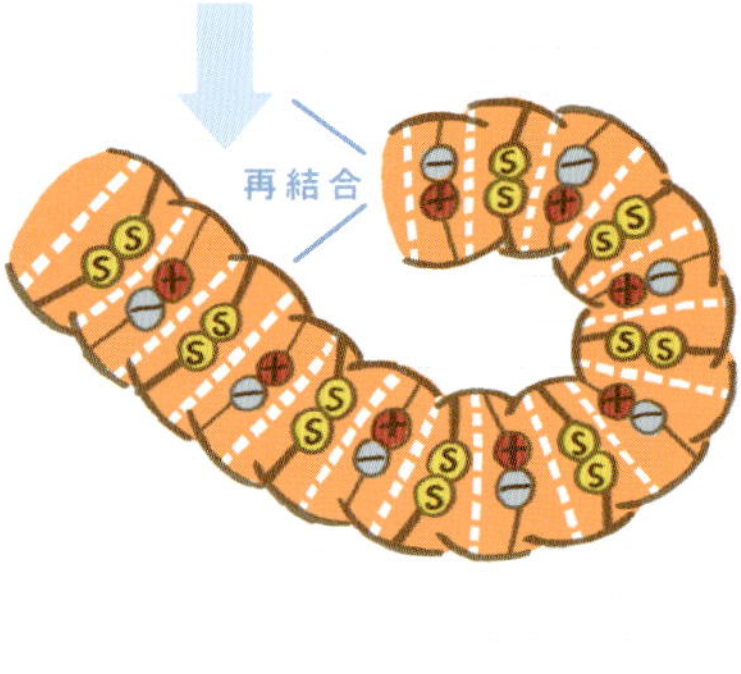

2剤、中間水洗、ドライヤーで乾かす工程で、3つの結合を順次再結合させ、ウエーブを固定します。

パーマをかけると髪は傷む だから、前処理が大事

準備せずにパーマをかければ、髪は間違いなく傷みます。ダメージを避けたいなら前処理をすること。予防するのがいちばんなのです。

前処理の仕方は、ダメージの状態によって2つに分かれます。健康な髪はパーマがかかりにくいので、薬剤がスムーズに浸透するよう、コンディショニング剤などの被膜を取り除くためのプレシャンプーを。逆に、傷んだ髪はパーマがかかりすぎるので、毛髪内部を補修し、薬剤の浸透をゆるやかにするプレトリートメントが効果的です。

酸性パーマという選択肢もあります。薬剤で無理にキューティクルを開かないので、髪の損傷が少なくてすみます。ただ、キューティクルが開きぎみのダメージヘアにしか適さず、健康髪だとパーマはかかりません。

だれでもダメージは避けたいもの。そのための処置を提案してくれるか否かで、美容室の技術力や信頼度もはかれるかもしれません。

主なパーマの種類と特徴

ストレートパーマ

パーマのかかるしくみはほかのパーマと同じ。再結合のときに髪がまっすぐになっているだけのこと。以前はストレートパーマと縮毛矯正は別物でしたが、最近はほとんど同じ意味にとらえられています。薬剤とアイロンの熱を使う縮毛矯正はホット系パーマの一種で、ストレート力は高いけれど、その分、髪への負担も大きめです。

ホット系パーマ

薬剤と熱でかけるパーマで、デジタルパーマやエアウエーブはこのタイプ。コールドパーマより薬剤は弱めですが、加温することで毛髪の膨張度やパーマ剤の浸透度を高めます。髪へのダメージは大きめ。ヘアアイロンで仕上げたようなくっきりしたカールがつき、乾くとカールが際立ちます。形状記憶力が高く、持ちはよいでしょう。

コールドパーマ

薬剤を使って常温でかける、いわゆる一般的なパーマのこと。昔からある水パーマやスチームパーマもこのタイプ。加熱しないので、コールドパーマと呼ばれるようになったそう。ふんわりとした束感のあるウエーブに仕上がり、濡れた状態のほうがウエーブがはっきり出ます。パーマの持ちは1か月くらいとあまりよくありません。

ヘアにまつわる なんでもQ&A

髪の悩みは十人十色で本当にさまざま。ここでは、気になっていたけど聞けなかった髪に関する素朴な疑問、相談にお答えします。

Q クセ毛で悩んでいます。でも、ストレートパーマで髪が傷むのはイヤ。ほかに方法はありませんか？

A 髪が傷みにくいストレートパーマがあります

最近は髪へのダメージが少ないストレートパーマが多く出ています。パーマ剤や中にまぜるトリートメントの進化によるもので、ストレートにする力はこれまでと変わりません。サロンでパーマをかける前に、パーマやトリートメントの種類を検討してもらうのがいちばんです。また、少しのクセならブローで処理できます。温めてから冷ますときにストレートの状態をしっかりキープしましょう。

Q 朝セットしたスタイルが昼まで持ちません。どうすればもっとキープできますか？

A 毛髪内部にタンパク質を補給しましょう

スタイルが持たない理由の一つに、髪のダメージが考えられます。毛髪内部がスカスカになり、いわゆるハリ・コシがなくなると、髪はすぐにへたってしまう。トリートメントやヘアマスクで、髪の構成成分であるケラチンなどのタンパク質を髪内部に補給してあげましょう。内側が満たされ元気になった髪は、スタイルキープ力もアップするはず。もう一つ考えられる理由が、スタイリングの仕方です。髪は熱しただけではスタイルを固定できません。アイロンで巻くときなど、髪が冷えるまで巻いたままをキープしておかないと、カールは定着しないのです。

Q 髪がのびるのが人より遅い気がします。早くのばす方法はありますか？

A 毛先の手入れを念入りに

髪がのびる速度に個人差があるのは確かです。髪質のようなもので、変えるのは難しいと思います。髪がのびないと感じるときは、毛先の手入れを念入りにするのがおすすめ。髪自体はちゃんとのびていても、毛先が切れてしまって長さ的にはのびていないことがあるからです。逆説的なようですが枝毛など傷んだ部分をカットして切れ毛をなくしたほうが、効率よく髪をのばすことができます。

Q 妊娠中にカラーリングやパーマをしても平気ですか？

A やめておきましょう

カラーリング剤にはジアミンという成分が含まれています。妊娠中は肌が敏感になりやすく、ジアミンがかぶれの原因になることがあります。かぶれると治療に薬が必要となり、妊婦にはやはりよくありません。パーマに関しては、低刺激のものであれば大丈夫だとは思いますが、やめておくにこしたことはないでしょう。

Q 髪質って、遺伝？ それとも環境や生活習慣などによる後天的なもの？

A ほぼ遺伝ですが、加齢によって変わることもあります

髪質はほとんどが遺伝によるものといわれています。ただ、ホルモンバランスの変化で髪質が変わったり、加齢による頭皮のたるみによって毛穴がゆがみ、生え際にクセが出てきたりすることもあります。環境や生活習慣による髪の変化は、髪質そのものが変わったわけではなく、ダメージによる変化だと思われます。

Q カラーリングとパーマはどのくらい間隔をあけるのがベスト？

A 最低でも1週間はあけましょう

カラーリングやパーマをしたあとは、頭皮がデリケートになり、髪もアルカリに傾いていてダメージを受けやすくなっています。施術後1週間くらいはトリートメントなどでしっかりケアをして、まずは髪を弱酸性に戻しましょう。あいだをあけたとしても、カラーリング後にパーマをかけると褪色が進むおそれがあります。パーマ→カラーリングの順におこなうのがベストです。

Q 白髪は抜くと増えるって本当ですか？

A 増えませんが抜くのはNG

白髪を抜いても増えることはありません。ですが、髪を抜くと毛根にかなりの負担がかかり、抜き続けると生えてこなくなる危険性があります。どうしても気になるときは、髪を切るか、カラーリングをおすすめします。

Q 顔のたるみが気になるのですが、ヘアスタイルでカムフラージュできませんか？

A ひたいを出して目線を上にもっていきましょう

前髪を短くするなどしてひたいを出し、あごとひたいの肌の見え方のバランスをとってみてください。ひたいが見えることで、フェイスラインにばかり目が行かなくなり、たるみが目立たなくなるはずです。人は肌が出ている部分を見て輪郭を判断しますから、顔まわりの髪をアレンジすることで顔立ちの印象をコントロールできるわけです。

ヘアにまつわる なんでもQ&A

Q 薄毛が気になっています。改善策はありませんか？

A 定期的に頭皮ケアをしましょう

薄毛の原因はさまざまです。男性型脱毛症と呼ばれる遺伝的なものや、女性ホルモンの減少も原因の一つといわれています。ほかにも、頭皮がたるんで頭頂部を圧迫し、血液循環が悪くなって抜け毛をまねいているケースや、カラーリングやパーマのくり返しで髪自体が細くなって薄毛に見える場合もあります。大事なのは、頭皮を健康に保つこと。月に1回くらいは頭皮をディープクレンジングして、毛母細胞を活性化させる成分を与えるといいでしょう。ヘッドマッサージも血液循環がよくなるので効果的です。

Q トリートメントやシャンプーはケミカル系とオーガニック系、どっちがいいの？

A ケミカルは補修、オーガニックは現状維持に適しています

一概にどちらがいいとはいえません。ケミカル系の多くは補修力に優れ、効果が高いもの。人体への影響などを危惧する声も聞きますが、精製し、洗練された成分を配合しているので安全性も保証されています。オーガニック系の多くはバランスがとれていて、髪にやさしいもの。ただ一般的に補修力はあまり強くなく、現状維持に向いています。ダメージをケアしたいならケミカル系で補修、健康状態を保てているならオーガニック系で現状維持と覚えておけば、アイテム選びの大まかな目安にはなると思います。

ビューティエキスパート対談

BEAUTY EXPERT TALK

本書でメイクとヘアそれぞれの部門のアドバイザーをつとめた２人が対談。美容のプロとしての信念や個人的なエピソードなど、たっぷり語りあっていただきました。

ヘアの賢人
朝日光輝さん

メイクの賢人
尾花けい子さん

BEAUTY EXPERT TALK

スタンダードがあって、はじめて個性が活きる

――まずは今回、この本の制作にたずさわった感想から聞かせてください。

ヘアの基礎を紹介しながら、自分自身も基本に立ち戻る感じでした。自分に問いかけ、理解し直すことになりましたね。

私も、あらためて「そうだよね」と思うことの連続で。自分のなかでは当たり前すぎて意識することもなかったけれど、メイクの基本となっている変わらない部分があることに気づきました。時代やトレンドが変わっても、ぶれない普遍的正解があると思う。

可愛いもの、キレイなものをつくることは、いろんな人に受け入れられるものをつくること。そこにはやはり基本が活きています。ヘアもメイクも人によって個性の幅が広いからこそ、軸をつくっておかないと何でもOKになってしまう。こちら側の自己満足で終わってしまいます。

メイクに関しても同じです。スタンダードがあってはじめて個性が活きてきます。多くの人からキレイに見られたいと思うからメイクをするわけで、そういう意味でも基本は大事です。

基本を知ることは、自分を知ること。ヘアに関していえば髪質や毛量ですが、それらを知ったうえで個性をみつけてほしいなと思いますね。嫌いなところを隠すことに全力をそそぐ人が多いのですが、間違い探しをしているようでもったいないです。

何のためにメイクするのかを考えるのも、基本を知る一つの方法。どうなりたいかイメージして、まずはやってみる。楽しみながらチャレンジしていくうちに、気づくことが絶対にあるはず。その発見が、基本を確立する糧になると思います。

ヘアも同じですね。自分がどうなるかいろいろ試して見てみないと、基本も何も始まりません。

今回「ニュートラルメイク」を基本として提案したのは、別人になる「変身」ではなく、その人をもっと輝かせるためのベースとなるメイクだからです。基準がないから何をすればいいかわからなくなるわけで、基準があればメイクの幅は広がります。

――お2人とも、ふだんはヘアもメイクも両方を手掛けておられますが、尾花さんはヘアに関して、朝日さんはメイクに関して、基本にしていることは何ですか?

マイナス要素をなくして、ニュートラルな状態にするのはヘアもメイクも同じです。まずはブローでクセをとり、髪のベースをととのえます。それから、髪に動きを出してキャラクターをつくっていく。土台がしっかりしていないとスタイルがつくれないし、長持ちしないですから。

メイクの場合はスキンケアで肌をととのえ、気になるところをカバーしてからがスタート。下ごしらえをしっかりしてから、メイクの方向性を決める感じです。ヘアスタイリングもニュートラルな状態にしてからがスタートで、髪をキレイにのばしてはじめて、クセの活かし方がわかってきます。

――では最後に、この仕事

基本を知ることは、自分を知ること

を始めたきっかけを教えてください。

クセ毛で悩んでいて、ストレートパーマが無料でかけられるという理由で美容師になりました（笑）。コンプレックスがきっかけです。

メイクで自分に自信をもってもらえたら最高にうれしい！

私は、なぜか小さいころから鏡ばかり見てる子だったようで……（笑）。人の髪型にも激しくツッコミを入れていました（笑）。ほかの職業が頭をよぎることはなかったです。いままで仕事を辞めたいと思ったことも、一度もないんですよね。

それはすごい！　僕は髪のメカニズムがわかってくると楽しくなって、いままで続けてきた気がします。昔は美容院に行くと髪がまっすぐになるのは、トニックをつけるせいだと思ってました（笑）。ブローで温め、テンションをかけて冷ますからのびる、というメカニズムを知って、「ハハーン」と思いましたね。いまも日々、そういうことのくり返しです。

「まわりにほめられた」のひと言は、自分にとってもほめ言葉

確かに、この仕事はつねに発見がある。〝もっともっと〟がありますよね。やりがいを感じるのは、私がメイクをしたり教えたりしたことで、その人が自分に自信をもてるようになった姿を見たとき。いちばんうれしい瞬間です。

それ、わかります。サロンで髪を切って喜んで帰っていく姿を見るのもうれしいですし、その人が次に来たときに「まわりから可愛いってほめられた」っていう話が聞けたら最高ですね。自分でもがんばってスタイリングしてくれたんだ、と思いますから。僕たちはきっかけを提供するだけ。キレイを実らせるのはみなさん一人ひとりです。

あなたの美を引き出す

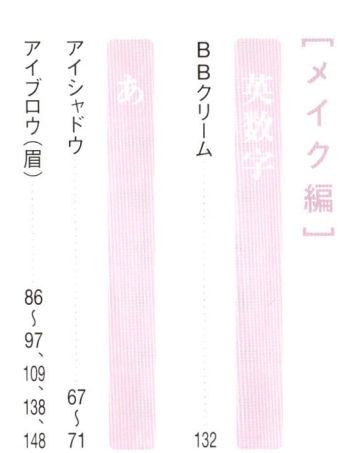

正しいヘア&メイク事典 index

Encyclopedia for correct hair&make-up

※ここでは代表的なページだけを紹介しています。

【メイク編】

ま

【ヘア編】

英数字

あ

か

さ

Best balance!

●著者
尾花けい子（おばな けいこ）
http://pinkssion.com/

卓越したテクニックと時代を読む優れた感性で、メイクのトレンドを生むトップアーティスト。上品で華のあるリアルメイクを得意とし、あらゆるメディアでその独自のメソッドを伝授。女性の視点ならではの実践できるテクニックで、幅広い層から絶大な支持を得ている。精密で丁寧な仕事と、常にムードメーカーとして現場を和ませるチャーミングな性格で愛され、業界内にもファンが多い。雑誌、広告、テレビ・ラジオ・イベント出演、セミナー、商品開発・プロデュースなど、活躍は多岐に渡る。

◯著書

『尾花けい子のメークの常識・非常識』（小学館）
『尾花けい子の 極上のナチュラルメイク』（ワニブックス）
『尾花けい子流 愛される新ナチュラルメイク』（主婦の友社）
『尾花けい子の 好感度が10倍アップするビジネスメイク術』（ディスカヴァー・トゥエンティワン）
『ていねいな説明で基本からよくわかる メイク上達ブック』（オレンジページ）
『MAQUIA Livre de Beauté 働く女の「美女メイク」入門』（集英社）

●著者
朝日光輝（あさひ みつてる）
http://www.air.st/

ヘアサロンairプロデューサー。ヘア&メイクアップアーティストとして、多くの有名モデルや女優、タレントを手がけ、時代の最先端のスタイルを生み出す。抜群の感性、高い技術力、温かい人柄で、多方面から厚い信頼を集め、テレビ出演するなど活躍の幅を広げる。サロンワークでは多くの女性に「リアルトレンド」を伝える貴重な存在。複数のファッション誌、CM、ヘアショー、コレクションなどを手がけている。

◯著書

『愛されヘア&メイク』（ベストセラーズ）
『マトリックスで考える売れる美バランス』『メイクの基本レッスン』（女性モード社）

あなたの美を引き出す
正しいヘア&メイク事典

著　者　尾花けい子／朝日光輝
発行者　髙橋秀雄
編集者　谷　綾子
発行所　高橋書店
〒112-0013　東京都文京区音羽1-26-1
編集 TEL 03-3943-4529 / FAX 03-3943-4047
販売 TEL 03-3943-4525 / FAX 03-3943-6591
振替 00110-0-350650
http://www.takahashishoten.co.jp/

ISBN978-4-471-03210-4

定価はカバーに表示してあります。

※本書についての問合せ　土日・祝日・年末年始を除く平日9：00～17：30にお願いいたします。
内容・不良品／☎03-3943-4529（編集部）
在庫・ご注文／☎03-3943-4525（販売部）